서화 상인

# 능엄신주 법문

# 선화상인 능엄신주 법문

● 정원규 편역 ●

불광출판사

※ 목차 ※

## 【 능엄신주 법문 】 … 007

능엄주 – 가장 견고한 정 중의 왕 … 009
능엄주의 효험 … 012
능엄주를 지송하면 천지를 돕는다 … 017
마음이 진실하면 영험이 있다 … 020
큰 마음을 발하여 능엄주를 지송하라 … 022
주를 지송하는 마음가짐 … 026
능엄대정 … 030
능엄경의 오십 가지 음마 … 032
능엄신주의 비밀 … 035
불교의 골수 『능엄경』 … 064
능엄주의 오대심주 … 068
능엄주 지송하면 금강신장 보호하네 … 080
능엄주는 무진법장의 지혜광명 … 082
능엄경의 유래 … 085
능엄경을 설한 인연 … 087
밀종이란 무엇인가? … 110
귀신이 무엇인지 알고 싶은가? … 114
중생을 제도하려면 먼저 육식하지 말라 … 126
육식은 재난을 일으키는 죄의 괴수 … 129
능엄주의 큰 위신력 … 132
묘상 스님 법문 … 136

## 【 능엄신주 지송 감응 사례 】 … 139

능엄주의 감응 … 141
능엄주 독송으로 삿된 법을 멀리 떠나다 … 147

흰색의 광명이 귀신과 떨어지게 하다 … 150
새로운 생명의 시작 … 152
정성스런 마음으로 지송하면 재난이 길상함으로 변한다 … 155
능엄주가 나를 구하였다 … 158
진심으로 불법을 잘 배우려면 마의 시험을 두려워하지 말라 … 163
지혜를 열기 위하여 능엄주에 예배하다 … 169
능엄주 독송으로 원한을 풀다 … 172
나의 능엄주 지송 감응 … 175
능엄주의 신기한 영험 … 180

【 선화 상인의 일화 】 … 185

움막을 지어 어머니 묘를 지키다 … 187
난산하는 부인을 구하다 … 199
거지가 새로운 운명을 창조하다 … 200
흉악한 부인을 교화하다 … 202
목숨의 빚은 정말 두렵다 … 206
뱀이 와서 법을 듣다 … 210
오안이 열려야 진짜 용을 본다 … 218

• 선화 상인약전 … 222
• 선화 상인의 18대원 … 228

【 대불정수능엄신주 】 … 231

【 편역자 후기 】 … 249

【 능엄신주 법문 】

སུམ།

# 능엄주 - 가장 견고한 정定 중의 왕

{ 덕행이 있어야 비로소 이 법을 만날 수 있으며,
덕행이 없는 사람은 비록 만나더라도 이해하지 못한다. }

〔 선화 상인 〕

究竟堅固定中王　直心修學至道場
身口意業須淸淨　貪瞋癡念要掃光
誠則感應獲現證　專能成就大神通
有德遇斯靈妙句　時刻莫忘紹隆昌

**구경견고정중왕** 究竟堅固定中王 :
능엄은 정 가운데서 왕이다. 모든 일 중에서 가장 견고한 것이며, 또한 정定이라는 뜻이다. 이 정은 모든 정 중의 왕이라는 것이다.

**직심수학지도량** 直心修學至道場 :
도를 닦음에 곧은 마음을 써야 하고, 굽은 마음을 써서는 안 된다. 곧은 마음이라야 목적지에 도달할 수 있다. 만약 당신이 굽은 마음으로 불법을 닦는다면 도를 이룰 수 없을 것이다.

**신구의업수청정** 身口意業須淸淨 :
이 법을 닦으려면 입으로는 거짓말을 하지 말고, 꾸미는 말을 하지 말고, 이간질하지 말고, 나쁜 말을 하지 말아야 한다. 몸으로는 살생을 하지 말고, 도둑질을 하지 말고, 삿된 음행을 하지 말아야 한다.

**탐진치념요소광** 貪瞋癡念要掃光 :
뜻으로는 탐내고 성내고 어리석은 마음을 가져서는 안 된다. 그리하여 몸과 입과 마음의 세 가지 업이 청정하게 되면 바로 참된 마음이 드러난다.

**성즉감응획현증** 誠則感應獲現證 :
성誠 즉 정성스러운 마음을 가져야 비로소 큰 감응이 있으며, 불가사의한 주의 힘을 바로 증득하게 된다.

**전능성취대신통** 專能成就大神通 :
만약 당신이 마음을 오롯이 한 곳에 쏟으면 잡념이 사라져서 곧 큰 신통을 얻을 수 있다. 능엄주는 5회와 30여 단의 법으로 이루어져 있다. 또 주呪에는 강복법降伏法, 구소법勾召法, 식재법息災法, 증익법增益法, 성취법成就法, 길상법吉祥法 등 많은 법이 있다.


**유덕우사령묘구** 有德遇斯靈妙句 :
덕행이 있어야 비로소 이 법을 만날 수 있으며, 덕행이 없는 사람은 비록 이 법을 만나도 매우 깊고 불가사의하며 신묘한 주를 이해하지 못한다.


**시각막망소륭창** 時刻莫忘紹隆昌 :
시시각각 언제나 이 법을 잊지 말아야 하며, 정성을 다해서 오롯이 한 마음으로 외울 수 있으면 곧 불법을 융성하게 하는 것이다.


이와 같이 간단히 능엄주의 개요를 설명하였다. 상세하게 말하려고 하면 이루 다 말할 수 없을 정도로 깊고 깊다. 능엄주를 이해하려면 스스로 자세히 연구해야 한다. 능엄주는 천만 겁에도 만나기 어려운 묘법妙法이니 이런 기회를 놓치지 말아야 한다.

# 능엄주의 효험

} 능엄주를 염하는 사람은 누구든지 감응을 얻을 것이며,
지송하는 사람은 누구든지
금강장 보살의 보호를 받을 것이다. {

능엄주는 가장 긴 주이며, 또한 신령스런 글[靈文]이라 한다. 능엄주는 매우 신령하고 매우 묘해서 이루 다 말로 표현할 수 없기 때문이다. 능엄주를 염하는 사람은 누구든지 감응을 얻을 것이며, 지송하는 사람은 누구든지 금강장 보살의 보호를 받을 것이다. 그러므로 능엄주를 수행할 때는 반드시 정성스러운 자세와 바른 마음으로 행동을 삼가며[修身] 일체의 물욕을 제거해[格物] 나가야 할 것이다. 탐하는 마음이 없으면 격물치지[格物致知]할 수 있다. 정성스러운 자세와 바른 마음으로 행동을

삼가며 능엄주를 지송하면 반드시 큰 감응이 있게 될 것이다.

어떤 사람은 이 주의 의미를 이해하지 못하고 함부로 말하기를 "능엄주는 작은 주를 많이 모아 합성한 것이라서 그렇게 길다."고 한다. 이렇게 말하는 사람은 어린아이보다 못한 소견이다. 왜냐하면 어린아이는 어른이 하는 말을 듣고 곧이곧대로 따라 말하므로 잘못된 말은 하지 않기 때문이다.

능엄주는 첫 시작이 바로 시방 진허공계 변법계 일체 제불에게 귀의하는 것이며, 그 후 시방 진허공계 변법계 일체 제보살에게 귀의하며, 그 후에 초과初果의 성인聖人과 이과二果, 삼과三果, 사과四果 아라한에게 귀의하며, 그런 후 다시 여러 천天에게 귀의하는 것이다. 천신에게 귀의하는 것은 결코 뭇 천신을 받들어 모시는 것이 아니고 단지 천신을 공경하는 것이다. 본래 출가인은 누구에게도 예배할 필요가 없고 천신의 공양을 받아야 하는데, 왜 천신을 공경한다는 것인가? 천신들이 당신에게 예배하는 것은 당신에게 도덕이 있고 수행을 하기 때문이다. 그러므로 당신은 아만심에 가득차서 스스로 "그대는 아는가? 일체의 호법제천은 모두 나에게 머리 숙여 정례한다."고 말할 수 없다.

이와 같이 아만심을 드러내면서 자신이 대단하다고 여기지 말아야 한다. 비록 당신이 도덕이 원만할지라도 집착하지 말아야 한다. 만약 있다고 하면 없는 것과 같으니, 실제로 허공과 같기 때문이다. 당신이 진실한 학문을 가지고 있어도 자만하지 말아야 비로소 수행자라고 할 수 있다. 따라서 수행자는 능엄주를 지송하면서 선한 천신을 공경해야 하며 또한 악한 천신도 공경해야 한다. 이렇게 자신에게 있는 아만의 습기習氣를 다스려야 할 것이다.

따라서 능엄주를 지송해서 얻는 좋은 점은 말하려고 해도 다 말할 수 없으며, 나도 결론적으로 무엇이 좋은지 말하지 않을 것이다. 내가 그런 말을 하면 당신은 능엄주를 지송하면서 그런 이득을 탐내는 마음을 낼 것이기 때문이다. 이런 저런 이득이 있기 때문에 능엄주를 지송한다면 그것은 진정으로 능엄주를 지송하는 것이 아니다.

만약 당신이 능엄주를 진실하게 지송하고자 한다면, 마치 밥 먹고 옷 입고 잠 자는 것과 같이 그렇게 능엄주를 중요하게 생각해야 한다. 그렇게 한다면 무슨 감응이나 무슨 영험이 온다 해도 그것을 바라지 않을 것이다. 왜냐하면 그렇게 생각하는 것도 망상이라 공空을 이룰 수 없을 텐데, 어떻게 이런 망상을 짓겠는가. 마치 갓 태어난 어린 아이가 제대로 앉지도 못하면서 달리려는 것과 같다. 걷지도 못하면서 어떻게 달릴 수 있겠는가? 왜 영험을 바라는가? 그것은 바르게 이해하지 못하기 때문이다. 만약 달릴 수 있다면 더 나아가 허공을 날려고 할 것인데, 허공을 날 수 있겠는가? 당신은 어떻게 생각하는가? 그런 일은 근본적으로 불가능한 일인데, 이러한 망상은 실로 매우 크다.

능엄주를 지송할 때도 이득을 얻으려는 마음으로 해서는 안 된다. 나는 반드시 무엇을 원한다고 말하는데, 마치 당신이 "나는 반드시 죽지 않겠다."고 말해도 때가 되면 죽는 것처럼 당신이 죽지 않을 방법은 없다. 따라서 그렇게 생각하는 것은 단지 망상일 뿐이다. 죽지 않으려면, 당신이 진실하게 수행해서 불과佛果를 증득해서 생사生死를 마쳐야 비로소 가능한 것이다.

능엄주는 신령한 글로서 구절구절마다 효력이 있다. 당신이 밥을 먹으면서 배고플까 걱정할 필요가 없는 것처럼 능엄주를 지송하면서 무슨 효험이 있을까 생각할 필요가 없다. 이 밥을 먹으면서 영원히 배고프지 않으려고 한다면 그것이 어떻게 가능하겠는가! 때가 되면 당신은 여전히 다시 밥을 먹어야 한다. 능엄주를 지송하는 것도 이와 같아서 매일 매일 독송해야 헛되지 않으며, 오래되고 오래되면 능엄주 독송의 공용이 나타날 것이다.

　능엄주를 지송하면 금강장 보살이 항상 당신을 따라 다니며 좌우에서 보호할 것이다. 이것은 사실이다. 하지만 주를 독송할 때 어지럽게 망상을 피우지 말아야 한다. 그러지 않으면 금강장 보살은 당신이 못난 놈이고 아무 희망도 없는데 보호하는 것은 자신의 시간을 낭비하는 것이라고 생각할 것이다. 호법보살은 잘 미워하기도 하고 화를 잘 내니 매우 주의해야 한다. 따라서 능엄주를 지송할 때 가장 중요한 것은 엄격하게 계율을 지키는 것이다. 만약 계율을 지키지 않는다면 아무리 정성껏 지송하더라도 신령스럽지 못할 것이다. 만약 계율을 잘 지키고 질투하지 않고 장애가 없고 탐진치를 내지 않고 능엄주를 지송하면 곧 큰 감응과 큰 이익이 있게 될 것이다. 그대에게 일러주노라. 능엄주를 독송하는 것은 수만 냥의 황금보다 더 큰 가치가 있다. 그러나 탐하는 마음으로 지송해서는 안 된다.

　능엄주를 나처럼 이렇게 게송으로 해설하는 것을 좋지 않다고 말해서는 안 된다. 하지만 이제껏 나처럼 게송으로 설한 사람은 없었다. 천수경의 대비주를 강의할 때 나는 구절구절마다 사구게를 지어서 그 힘과 효험을 표현했는데, 사구게의 게송으로는 그 뜻을 제대로 다 해석하지 못하는 것이다. 왜냐하면 주의 묘한 뜻은 무궁무진한데 어떻게 네 구절의 게송으로 다 설할 수 있겠는가? 하나만 드러내고 만 가지는 빠뜨린다[掛一漏萬]는 말이 있듯이 사구게로는 단지 한 부분만 해설할 수 있을 뿐이다. 사구게는 기억하기 쉬워 이렇게 작은 부분으로 주 한 구절의 뜻을 이해하면 얕은 데서 깊은 곳으로 들어가고, 작은 것에서 많아지고, 가까운 곳에서 멀리 가는 것처럼 주呪의 뜻을 깊이 이해할 수 있는 것이다.

주呪는 본래 설명할 수 없으며 해석할 수 없는 것이다. 그러나 억지로 해설하는 것은 바로 돌을 깨뜨려 옥을 끌어내기 위함이다. 그런 이유로 내가 지금 능엄주를 강의하는 것이며, 나의 해설이 의의가 있든지 없든지 혹은 맞든지 안 맞든지를 막론하고, 그것은 내 마음 깊은 곳에서 흘러나오는 것이며, 또한 나의 피와 땀과 같은 것이라고 말할 수 있다. 나는 참된 마음[眞心]으로 강의하는 것이니, 여러분은 능엄주의 진정한 뜻을 잘 헤아려서 내가 이해한 것보다 더 깊고 더 넓고 높아지기를 바란다. 이것이 내가 능엄주를 강의하는 뜻이다. 돌을 깨뜨려 옥을 끌어내는 것처럼 여러분의 지혜를 드러내고 깊이 들어가 지혜가 바다와 같이 되기를 바란다.

불법을 배우는 사람은 더욱 공을 들여야 한다. 불법을 이해한다고 하면서 어떻게 수행할지 몰라서는 안 된다. 실제로 수행해야만 바로 당신이 아는 것이며, 수행하지 않으면 아무 소용 없다. 따라서 수행은 발로 걷듯이 실제로 행해야 하며, 눈 가리고 아옹 하듯이 남을 속여서는 안 된다. 내가 표현한 사구의 게송은 내 지혜의 힘을 소개하는 것이며, 내 마음을 소개하는 것이라고 말할 수 있는데, 내가 참된 마음으로 능엄주를 강의하는 것을 여러분들은 이해하기 바란다.

# 능엄주를 지송하면 천지를 돕는다

{ 항상 능엄주를 지송하면 하늘과 땅을 돕게 되어,
하늘과 땅의 나쁜 기와 병을 치료한다. }

사람에게는 사람의 병이 있고, 땅에는 땅의 병이 있으며, 하늘에는 하늘의 병이 있다. 하지만 우리들은 땅 위에 있기 때문에 하늘의 병을 모른다. 항상 능엄주를 지송하면 하늘과 땅을 돕게 되어, 하늘과 땅의 나쁜 기와 병을 치료한다. 당신이 단지 능엄주를 지송하기만 해도 하늘과 땅, 일체의 모든 것을 도와주고 감응을 주는 것이다.

능엄주는 한 구절만 염할 수 없다. 능엄주는 여러 개의 단락으로 이루어진 것이다. 비록 구절구절마다 뜻이 있지만 앞뒤로 서로 연관되어 있는 것이다. 능엄주에는 작은 단락이 여러 개 있는데, 이 작은 단락의 시작과 끝을 알아야 한다.

그리고 어떤 수행법으로 닦든지 간에 우선 덕행이 중요하다. 만약 덕행이 모자라면 마장이 발생할 수 있으므로 공을 세우고 덕을 닦아야 한다. 공을 세운다는 것은 바로 도량을 보호하면서 수고를 아끼지 않는 것이다. 덕을 닦는다는 것은 바로 다른 사람을 방해하지 않고 다른 사람의 삶을 번뇌스럽게 하지 않는 것이다. 무슨 수행법으로 닦든지 간에 자신의 나쁜 습기習氣를 바꾸지 않고 번뇌를 끊지 않으면, 수행의 이익이 없다. 출가자도 출가하고 나서는 먼저 공을 세우고 덕을 닦아야 한다. 공덕을 닦은 뒤라야 어떤 수행을 하든지 간에 쉽게 이룰 수 있다. 소위 "당기고 늦추어, 팽팽하지도 느슨하지도 않아야 비로소 성공한다."고 하는 것이다. 수행하는 데 있어서 용맹스러운 마음을 발하기는 쉽지만 그 마음을 오래도록 지속하는 것은 어려우니, 꾸준히 지속하는 마음[恒遠之心]과 물러나지 않는 마음[不退之心]을 지녀야 한다.

참선하는 과정에서 나타나는 편안하거나 위태로운 경계는 여러 가지의 인연이 있는데, 한 가지만이 아니다. 어떤 사람은 수행하려고 하지만 사사로운 마음이 너무 강하고 아견이 너무 깊어서 언제나 자기 자신을 잊지 못하고, 언제나 사사롭고 이기적인 마음을 가지기 때문에 마魔에 현혹되기 쉽다. 진정으로 보살도를 행하고 수행을 하려면 조급해 하는 마음을 갖지 말아야 하며, 어떤 방법으로 수행해야 빨리 깨닫고 빨리 성불할 수 있을까 생각하지 말아야 한다. 혹은 어떤 사람은 호기심이 많아서 언제나 기이한 것을 생각하며 신통력 얻기를 희망하고 다른 사람들과는 다른 경계를 갖기를 바라는데, 그리하면 쉽게 마에 현혹되고 말 것이다.

만약 당신이 단지 일심으로 참선을 하며 다른 망상을 피우지 않으면, 마魔가 아무리 현혹하려고 해도 들어올 마가 없다. 왜냐하면 당신은 많은 망상을 짓지 않고 삿된 지견이 없기 때문이다. 마에 현혹되는 것은 모두 삿된 지견으로 말미암는 것이다. 만약 대공무사大公無私한 마음 즉 크게 중생을 위하고 사사로움이 없는 마음으로, 빨리 깨닫기를 바라지 않고 다른 사람을 넘어서려고 하지도 않고 단지 전일하게 수행에 힘쓴다면, 어떠한 마장도 있을 수 없을 것이다.

결코 참선에 무슨 위험이 있는 것은 아니다. 마치 밥을 먹는데 어떤 위험도 없는 것과 같다. 단지 너무 많이 먹어 위가 감당할 수 없게 되거나, 너무 적게 먹으면 배가 부르지 않고, 탐하는 마음으로 좋은 맛을 탐하면 쉽게 병이 나는 것과 같은 것이다. 결코 무엇을 먹어서 병이 나는 것이 아니라 먹는 것이 적당하지 않기 때문에 병이 나는 것이다. 참선도 이와 같다.

# 마음이 진실하면 영험이 있다

> 무엇을 성誠이라 하는가?
> 바로 의심하지 않는 마음이다.

경을 독송하고 주를 지송하며 모든 법문을 수행하는 데는 모두 진실한 마음으로 목욕재계하며, 몸과 마음을 청정하게 하고, 일체의 망상을 없애고 닦아야 한다. 그리하면 마치 소리가 울려나는 것과 같이 그 정성에 감응하여 도道와 서로 통할 수 있다. 만약 당신에게 진실한 마음이 없으면 아무리 영험한 주라도 영험스럽지 못할 것이다. 그러므로 "마음이 진실하면 영험이 있다心誠則靈."고 말하는 것이다. 마음이 진실하지 못하면 신령하지 못하다.

　무엇을 성誠이라 하는가? 바로 의심하지 않는 마음이다. 진정으로 능엄주를 믿는 힘은 불가사의한 것이며, 성취하지 못할 것이 없다. 당신이 만약 진정한 성심誠心을 가지고 수행하면 성취함이 있을 것이다. 어떤 사람은 오랫동안 수행하여도 아무 감응이 없는데, 그것은 불법이 신령하지 못해서인가, 아니면 능엄경과 능엄주에 감응하여 서로 통하는 힘이 없어서인가? 아니다. 그것은 바로 당신이 성실하지 않게 대충대충 하기 때문이다. 따라서 우리들이 능엄주를 배울 때 진실한 마음을 먼저 갖추는 것이 가장 필요하다.

　능엄주 속에는 많은 귀신이나 천룡팔부天龍八部의 이름이 나온다. 주에 나오는 귀신 왕의 이름을 송하면 그 귀신을 따르는 다른 권속들도 모두 가르침을 따라야 하며 감히 규칙을 어기지 못한다. 따라서 출가수행자가 매일 능엄주를 지송하게 되면, 그것이 바로 이 세계에 모든 재난과 횡액을 면하게 하며 평안할 수 있도록 돕는 것이다. 출가수행자가 아침저녁으로 예불을 하면 눈에 보이지 않는 가운데 모든 사람들이 평안하고 즐겁게 된다.

　우리들이 능엄주를 염송하면 세계의 오염된 공기가 청정하게 되며, 허공 중에 떠도는 갖가지 전염병도 소멸된다. 본래 공중에는 독이 있는데, 능엄주를 염송하면 그런 독이 해독이 되는 큰 이익이 있다. 그러므로 능엄주를 보통의 평범한 주로 보아서는 안 된다. 만약 당신이 능엄주 전체를 외울 수 있다면 가장 좋지만, 전부 외울 수 없고 일부 단락이라도 외운다면 매우 큰 힘이 있을 것이다. 여러분은 황금을 보고 구리라고 여기지 말아야 한다. 그것은 잘못된 것이다. 불학을 연구하는 여러분 각자는 반드시 능엄주를 지송해야 한다.

# 큰 마음을 발하여 능엄주를 지송하라

{ 능엄주를 배우는 사람은 바로 부처님의 화신이다.
부처님의 화신일 뿐 아니라
부처님 정수리 위의 화불化佛이다. }

능엄주는 구절마다 모두 무량한 뜻이 있고, 뜻마다 모두 무량한 공능功能이 있다. 능엄주를 배우고 지송하려는 사람은 큰 마음을 발하여 시방 세계를 위하여 지송하면서 모든 공덕을 시방 세계에 회향하는 것이 가장 좋다. 이렇게 하여 성취한 공덕과 과보는 매우 크다. 왜냐하면 그 속에는 사사로운 마음이 없고, 자신의 이익을 구한 것이 아니기 때문이다. 그러므로 대참회문에서 이르기를 "제가 지금 발심하는 것은 인천人天의 복보福報와 성문 연각 내지 보살을 구하는 것이 아니라 오직 최상승에 의지하여 보리심을 발합니다. 원하옵건대 법계의 모든 중생들이 일시에 다함께 아뇩다라삼먁삼보리를 얻기를 바랍니다."라고 하였다.

　불법을 배우는 데 가장 좋은 것은 정밀하고 순수한 것이다. 한편으로는 불법을 배우고 다른 한편으로는 죄업을 지으면, 선악의 업이 얽혀 맑지 않게 된다. 어떠한 것이 한편으로는 불법을 배우고 다른 한편으로는 죄업을 짓는 것인가? 바로 불법을 배우면서 남을 위하지 않고 단지 자신의 이익만을 위하는 것이다. 어떤 사람은 처음 배우기 시작할 때는 남을 위하는 마음이 있으나 오래 지나면 자기만을 위하는 습기習氣가 다시 노출되어 나온다.

　비유하면 불법을 배우는 사람이 도박을 하면서 남을 속이는 마음을 지니고, 갖가지 수단으로 남을 해롭게 하고, 자기를 위하는 것은 모두 선악이 깨끗하지 못한 것이다. 그리고 장사를 하면서 사찰과 다른 불자들과의 관계를 이용하여 남을 속이거나, 심지어 도둑질을 하는데, 이 모두가 선과 악의 업이 깨끗하지 못한 사례이다. 불법을 배우는 사람이 만약 이러한 행위를 했다면 반드시 고쳐야 할 것이다. 그러지 못하면 삼계를 벗어나지 못한다. 왜냐하면 선악의 업에 의하여 묶이기 때문이다.

　도량에서 수행하는 수행자는 한편으로는 수행을 하면서 다른 한편으로 망상을 피우지 말아야 한다. 이런 것을 일러 선악이 순수하지 못한 것이라고 한다. 선 가운데 악이 있고, 악 가운데 선이 있어 혼합되어 깨끗하지 못하여 장래에 과보를 받을 때도 매우 복잡하게 될 것이다. 베트남이나 미얀마, 캄보디아의 스님들이 왜 공산당의 잔인한 통치를 받게 되었는가? 그리고 티베트의 라마승들이 무엇 때문에 박해를 당하는가? 이것은 모두 과거생에 인지因地 : 성불하기 위해 수행하는 지위에서 수행할 때 나쁜 인因을 심었기 때문이다. 혹은 남의 재산을 강제로 빼앗거나 혹은 남의 생명을 박탈했던 것이다. 그런 까닭으로 지금 그와 같은 환경에서 생명과 재산을 모두 보장받지 못하고, 심지어 출가를 해도 생명을 보전하기 어려우니, 재산은 더욱 말할 필요도 없다.

이러한 재해나 전쟁으로 곤궁한 생활을 하는 것은 모두 과거생에 심은 인因이 정당하지 못하기 때문이다. 그런 까닭으로 현생에서 그런 나라에 태어나 고난을 받는 것이다. 이러한 정황들이 모두 우리에게 현신설법現身說法을 하는 것이니, 우리들은 회광반조廻光返照하여 수행의 과정에서 절대로 이러한 경계에 떨어지지 않아야 할 것이다. 이와 같은 재난을 피하려면 인지因地에서 행하는 것을 분명하게 하여 과보를 받을 때 어지럽지 않게 하여야 한다. 소위 말해서 "인지因地가 참되지 못하면 과보가 굽게 된다."는 것이다. 만불성萬佛城의 사람들과 외부에서 온 사람들 모두 다 함께 조심하여 수행할 때 특별히 신중히 행해야 나중에 후회하지 않을 것이다.

이런 말이 있다. "대비주大悲呪를 외울 줄 알면 감히 염라대왕과 다툴 수 있고, 대비주를 할 줄 알면 귀신이 감히 (나와) 다투지 못한다." 이것은 당신이 만약 대비주를 외울 수 있으면 감히 염라대왕과 다투어도 염라대왕이 어찌할 방법이 없으며, 대비주를 할 줄 알면 귀신이 감히 당신을 귀찮게 하지 못하고 당신을 두려워한다는 것이다. 두려워한다는 것은 결코 성미를 부리는 것이 아니라 당신에게 진정한 힘, 진정한 권력이 있다는 것이다. 소위 덕행이 있고 도덕이 있으면 염라대왕도 당신에게 정중할 것이며, 귀신도 감히 당신을 건드리지 못할 것이다. 이것은 결코 당신의 성미가 고약해서 이들이 두려워하는 것이 아니라 귀신이 공경하면서 멀리하는 것[敬而遠之]이다. 대비주를 염송하는 데 이러한 힘이 있는데, 하물며 능엄주를 염송하는 데는 어떤 힘이 있겠는가? 그 힘은 당연히 대비주를 더욱 뛰어넘을 것이다. 능엄주를 할 줄 알면 천주天主: 하늘의 주인가 감히 시비하지 못하고, 능엄주를 할 줄 알면 천주와 다툴 수 있다.

그렇다면 이 능엄주는 도리를 중시하지 않는 것은 아닌가? 아니다. 아니라면 억지논리를 주장하는 것은 아닌가? 결코 아니다. 당신이 능엄주를 할 줄 알면 장차 일곱 생 동안에 미국의 석유왕처럼 그렇게 돈이 많고 권세가 있을 것이다. 그러면 어떤 사람은 "그게 그렇게 좋은가? 그럼 나도 하루빨리 능엄주를 배워서 천주와 대적하고 일곱 생 동안 큰 부자가 되어야지."라고 말한다.

만약 당신의 발원이 이렇게 작다면 능엄주를 배우지 말아야 한다. 일곱 생은 눈 깜빡 하는 것처럼 짧은 시간이고, 당신이 천주天主와 다투어 봤자 여전히 윤회에서 벗어나지 못하고 헤매는 것이다. 경계가 그렇게 작고 목적이 그렇게 작아서는 안 된다. 그렇다면 능엄주를 배우고 외우면서 무엇을 발원해야 하는가? 마땅히 부처가 되어 무상정등정각無上正等正覺을 얻기를 발원해야 한다.

실제로 능엄주를 배우는 사람은 부처님의 화신이다. 부처님의 화신일 뿐 아니라 부처님의 정수리 위의 화신, 화신불의 화불이다. 이와 같이 능엄주의 묘함은 불가사의한 것이다. 어떤 사람이 능엄주를 지송하면 정말로 주위 40유순 내에 일체의 재난이 사라지고 위험이 길상으로 변한다.

# 주呪를 지송하는 마음가짐

묵념으로 주를 지송하고 적게 말하고 적게 생각하며
가르침을 펴서 중생을 이롭게 하며 삼천대천세계를 교화하네.
짓는 바 모든 법이 다 지극한 깨달음이니
늘지도 않고 줄지도 않고 열반에 이르네.

誦持默念少意言
示教利喜化大千
所作諸法悉究竟
不增不減到涅槃

능엄주를 배우는 데는 먼저 마음을 바르게 하고 뜻을 진실하게 해야한다. 만약 마음이 바르지 못하면 어떤 주를 배우든지 모두 삿된 것이다. 마음이 바르면 어떤 주를 배워도 감응이 있게 된다. 그러나 마음이 바른 것만으로는 부족하고 뜻이 진실해야 한다. '성의誠意'를 다하면, 즉 언제나 잊지 않고 생각하면서 조금도 건성으로 하지 않고, 불성실하게 하지 않으며, 소홀히 하지 않고, 대강대강 하지 않으면, 비로소 감응이 있을 것이다.

당신이 바른 마음과 성의誠意가 없이 삿된 소견으로 남을 해치려고 하면 그것이 바로 마魔의 법이며, 마왕이 행하는 법이다. 마는 남을 해치고 이롭지 않게 한다. 진정으로 불법을 수행하는 사람은 어떠한 상황에도 남을 해치지 않을 것이다. 능엄주를 배우고자 한다면 중생에게 이익을 주고자 하는 마음을 간직해야 하고, 마魔나 귀신을 항복시키려는 생각을 하거나 다른 사람과 다투려는 마음을 가져서는 안 된다.

불교에는 적이 없으며, 어떠한 사람에게도 보복하지 말아야 한다. 어떤 사람이 나를 해롭게 하더라도 참아야 하며, 인욕바라밀을 닦으면서 보복하려는 마음을 가져서는 안 된다. 이것이 바로 불교가 뛰어난 점이며, 장점이다. 다른 종교에는 이러한 정신이 없다. 비록 기독교에서 '원수를 사랑하라'고 말하지만 단지 구호에 불과할 뿐이며, 그들은 진실로 원수를 사랑하지 못한다. 그들은 불교를 자신들의 적이라고 생각하는데, 그들이 불교를 사랑하는가? 그럴 리가 없다. 입만 열면 불교를 '마귀'라고 말하고, 입을 닫아도 '마귀'라고 하는데, 어떻게 원수를 사랑할 리가 있겠는가?

불교에서 가장 중요한 가르침이 바로 이것이다. "네가 마귀라고 하여도 절대로 해치지 않을 것이며, 너를 받아들일 것이며, 너를 혼내지 않을 것이다." 이것이 바로 불교의 가장 특별한 교의敎義이다. 어떠한 중생도 자비심으로 대하고 해를 입히지 않는 것이 불교의 가르침이다.

능엄주는 천지를 놀라게 하고 귀신을 울부짖게 하는 가장 영험있는 신령스런 글이다. 따라서 우리들은 능엄주를 배워서 시시각각으로 자비심을 가지고 조금이라도 남에게 해를 입히려는 마음을 일으켜서는 안 된다. 다른 사람이 나에게 잘못을 행하더라도 그를 탓하지 않고 해치지 않아야 한다. 마음의 도량이 삼천대천세계와 같이 그렇게 커서 삼라만상을 모두 포용해야 비로소 불교도의 본분을 다하는 것이다.

송지묵념소의언誦持默念少意言, 이것은 말을 많이 하지 말고 망상도 많이 짓지 말라는 것이다. 마음이 전일專一하면 신령스럽게 통하고, 마음이 분산되면 막히게 된다. 어떠한 것을 '전일專一하다'고 하는가? 바로 남을 해치려는 마음이 생기지 않는 것이다. 만약 남을 해치려는 마음을 간직한다면 앞으로 매우 위험해질 것이다. 소위 '다행불의필자폐多行不義必自斃, 의롭지 못한 행을 많이 하면 반드시 죽는다' 이니, 남을 해치면 도리어 자기를 해치게 되는 것이다. "다른 이의 아버지를 죽이게 되면, 그는 반드시 나의 아버지를 죽일 것이며, 다른 이의 형을 죽이면 그는 반드시 나의 형을 죽일 것이다." 이것이 인과因果이다. 우리 불교도는 미래세에 나쁜 과보를 받지 않기 위하여 나쁜 인因을 피해야 한다. 그런 이유로 '송지묵념소의언誦持默念少意言' 하라고 말하는 것이다.

시교이희화대천示敎利喜化大千, 시교이희示敎利喜는 중생에게 부처님의 가르침을 가르쳐 그들로 하여금 이익과 기쁨을 얻게 하는 것이다. 우리가 다른 사람을 이롭게 할 수 있을 때에는 재빨리 행동해서 남을 이롭게 해야 한다. 그래서 말하기를 '재배심상지 함양성중천栽培心上地 涵養性中天, 마음의 땅을 갈고 성품의 하늘을 함양하네'하라는 것이다. 항상 다른 사람을 이롭게 하기를, 오래 실천하면 자신에게 덕행이 있게 된다.

만약 다른 사람으로 하여금 자기를 이롭게 하지만, 자기는 남을 이롭게 하지 않으면서, 가능한 자신의 이익을 찾아 남에게 의지하는 마음을 기른다면, 장차 가장 희망이 없는 사람이 될 것이다. 세상에서 공짜를 좋아하는 사람을 보라. 결국에는 모두 실패하는 사람들이다. 만약 당신이 내 말을 믿지 못한다면 한번 자세히 연구해 보라. 어떤 실패자든지 모두 탐하는 것을 싫어할 줄 모르고 곳곳에서 이익을 찾는데, 그들은 결과적으로 모두 여지없이 실패한다. 당신이 남을 이롭게 하고 기쁘게 한다면 어디를 가든지 간에 모든 사람들이 소문을 듣고 교화될 것이다.

공자孔子께서도 말씀하셨다. "말은 진실하고 믿음직스럽게 하고, 행동은 돈독하고 공경스럽게 하면 비록 야만의 나라라도 통한다." 우리가 말을 할 때는 반드시 성실하고 신용이 있어야 하며, 눈을 부릅뜨고 거짓말을 해서는 안 된다. 우리의 행동은 반드시 성실하고 두텁게 할 것이며, 자비로운 마음으로 마음을 안정시키고, 일체를 공경하며, 모든 일에서 언제나 겸양하고 공경하며, 화목한 마음을 지녀야 할 것이며, 자기를 높이거나 사람들이 모두 자기보다 못하다고 여기는 등 아만심을 갖지 말아야 한다.

# 능엄대정楞嚴大定

> 능엄대정은
> 정이 없으면서도 정 아님도 없으며[無定無不定],
> 정 아닐 때가 없다[無有不定時].

능엄주가 왜 좋은가? 능엄정에 들 수 있기 때문이다. 능엄대정은 정이 없으면서도 정 아님도 없으며無定無不定, 정 아닐 때가 없으니無有不定時, 소위 말하기를 '나가상재정那伽常在定 무유부정시無有不定時'라고 한다.

능엄정은 견고한 선정이며, 천마외도가 파괴할 수 없는 선정으로서 무량한 지혜가 이 선정에서 나온다. 정에 들어 무엇을 하는가? 선정에 들면 마치 디즈니랜드처럼 기쁜 일도 있고 두려운 일도 있는데, 모두 지금까지 보지 못한 새로운 것을 보게 되고, 듣지 못한 새로운 것을 듣게 된다. 선정 가운데서 여여부동如如不動하고 분명히 알아 항상 밝으며[了了常明], 경계에 움직이지 않고 일체의 경계를 움직일 수 있다. 이것이 바로 능엄정에 들어가는 묘한 이점이다.

 능엄정이 없으면 경계에 따라 움직이게 되며, 무엇이 오면 그것을 따라가고, 경계에 끌려 다니게 된다. 능엄정이 있으면 경계에 움직이지 않게 된다. 그런 이유로 다음과 같이 말한다.

  눈으로 형색을 관하니 안으로 유有가 없고
  귀로 온갖 일 들어도 마음은 걸림이 없네.
  일을 만나 깨달으면 세간을 벗어나고
  일을 만나 미혹하면 윤회에 떨어지네.
  眼觀形色內無有
  耳聽塵事心不知
  見事醒事出世間
  見事迷事墮沈淪

정은 무량한 지혜를 낼 수 있다. 그러나 당신이 정에 들지 않으면 지혜를 열 수가 없다. 마치 디즈니랜드에 가지 않으면 해적도 있고 귀신성도 있다는 것을 모른다. 어떤 거사가 내가 디즈니랜드를 못 본 줄 알고, 가보라고 여러 차례 권했지만, 형형색색의 갖가지 놀이기구는 특별한 것이 없다. 나는 무량 겁 이래로 참으로 많은 것을 보았다. 하지만 보고는 곧 잊어버린다. 만약 기억해 내면 다시 볼 필요가 없다.

# 능엄경의 오십 가지 음마陰魔

> 마魔는 우리 수행자에게는 일종의 시험이다.
> 그러므로 여러분은 두려워해서는 안 된다.
> 만약 두려워하는 마음이 있으면 당신이 아무리
> 마가 오지 못하게 막더라도 마는 올 것이다.
> 만약 두려워하지 않는다면
> 마가 오려고 해도 올 수 없을 것이다.
> 가장 중요한 비결은 바로 두려워하지 않는 것이다.

능엄경에는 '오십 가지 음마陰魔'가 있는데, 아마 오백 가지 음마도 출현할 수 있다. 그러므로 여러분은 문을 열지 말고, 마가 소란 피우러 오는 것을 환영하지 않아야 한다. 비록 마라고 하지만, 반대로 생각하면 마는 수행을 도우러 오는 것이며, 당신의 뜻이 얼마나 견고한지 보러 오는 것이다. 만약 당신이 견고하다면 '천 가지 마가 와도 바꾸지 못하고, 만 가지 마가 와도 물러나게 하지 못할 것이니[千魔不改萬魔不退]', 아무것도 두렵지 않은 것이다. 만약 당신이 구하는 것이 없다면, "구함이 없는 곳에 이르면 곧 근심걱정이 없다[到無求處便無憂]."는 것이다. 구하는 바가 없으니 그 무엇도 두렵지 않은 것이다.

어떤 사람이 "나는 두렵다."라고 말하는데, 무엇이 두려운가? 비유하면 귀신을 두려워하는 사람은 귀신을 추하다고 느낀다. 사람이 죽으면 귀신으로 변한다고 알기 때문에 귀신이 두려운 것이다. 그러나 귀신을 두려워하지 않으면, 황금 갑옷을 입은 무서운 천신도 그에게는 두렵지 않은 것이다. 공자께서 일찍이 말씀하셨다. "귀신을 공경하되 멀리하라[敬鬼神而遠之]." 이것은 마땅히 그들을 공경하지만 가까이 해서는 안 된다는 것을 말한다. 그러므로 귀鬼도 두려워하지 말고, 신神도 두려워하지 않아야 한다.

마魔는 수행자에게는 일종의 시험이다. 그러므로 여러분은 두려워해서는 안 된다. 만약 두려워하는 마음이 있으면 당신이 아무리 마가 오지 못하게 막더라도 마는 올 것이다. 만약 두려워하지 않는다면 마가 오려고 해도 올 수 없을 것이다. 가장 중요한 비결은 바로 두려워하지 않는 것이다. 만약 당신이 두려워하지 않으면, 그것이 바로 바른 것이다. 바름正은 일체를 항복시킬 수 있다. "삿됨은 바름을 이길 수 없다[邪不勝正]."는 말처럼, 마가 두려워하는 것은 바로 광명정대光明正大다. 당신이 광명정대하다면 마도 규율을 잘 지킬 것이며, 당신을 향해 머리를 조아리고 예배할 것이다.

만약 색수상행식色受想行識 오십 가지 음마陰魔의 경계를 상세하게 분석하자면 무량무변하다. 부처님께서 오십 가지 종류로 나누어 설하신 것은 사람들이 쉽게 경계를 알아차릴 수 있도록 돕는 것이다. 만약 사람이 오십 가지 음마의 도리를 이해하면 경계에 속아서 움직이는 일이 없을 것이다. 이것이 가장 중요한 것이다.

경계에 동요되지 않으려면 먼저 계를 지녀야 한다. 계는 모든 선정의 근본이며, 정은 지혜의 근본이고, 혜는 성불의 근본이다. 따라서 당신이 성불하고자 한다면 반드시 계정혜를 바탕으로 수행해야 한다. 만약 계정혜와 서로 부합되지 못하면, 모두 마음 밖에서 법을 구하는 것이다. 당신에게 계의 힘[戒力]이 있으면 정의 힘[定力]이 있을 것이며, 진정으로 정의 힘이 있으면 지혜의 힘[慧力]이 있을 것이다. 서로 상생相生하는 것이다. 즉 계는 정을 생하고[戒生定], 정은 혜를 생하며[定發慧], 혜는 부처를 이룬다[慧成佛]. 하나라도 부족하면 안 된다.

따라서 객관적인 태도로써 연구해야 하며, 주관적으로 보아서는 안 된다. 주관적으로 생각하면 곧 편견에 떨어지기 쉽다. 법을 간택하는 눈으로 관찰하고, 묘관찰지妙觀察智로써 연구해야 한다. 그러나 관찰하되 집착해서는 안 된다. 이러한 묘관찰지는 마치 거울과 같은 것으로 대원경지大圓鏡智와 비슷하다. 다만 대원경지는 동요되지 않으면서 능히 일체 제법의 실상을 드러내고, 묘관찰지는 관찰의 힘으로써 명료하게 아는 것이다. 우리가 객관적으로 보아서 편견에 떨어지지 않아야 비로소 경계를 인식할 수 있다. 당신이 경계를 인식하면 그 경계에 미혹되지 않을 것이다.

# 능엄신주楞嚴神呪의 비밀

나는 지금 여러분들에게 능엄주楞嚴呪에 관하여 법문하려고 한다. 이 능엄주에 관하여는 오래도록 법문하는 사람이 없었고 한 번이라도 강의하는 것이 쉽지 않다. 능엄주 법회는 매우 드물며, 만나기 어려운 것이다. 내가 여러분들에게 강의할 때, 내 말을 바르게 알아듣는 사람이 별로 없다. 어떤 사람은 안다고 스스로 생각하지만, 진실로 이해하는 것이 아니다. 어떤 사람은 스스로 이해한다고 여기면서 집중해서 듣지 않는데, 이것도 또한 이해하지 못하는 것과 같은 것이다.

## 능엄주는 주 가운데 왕이다

불교에서 능엄주는 가장 중요한 주呪이며, 주 가운데 왕이며, 가장 긴 주이다. 이 주는 전체 불교의 흥망성쇠와 관계가 있다. 능엄주는 천지天地가 소멸되지 않도록 지지하는 신령한 글[靈文]이며, 세계가 종말을 맞지 않도록 지탱하는 신령스런 글이다. 따라서 나는 항상 이 세상에 능엄주를 읽는 사람이 한 사람만 있어도 이 세계가 멸망하지 않을 것이며, 불법 또한 소멸되지 않을 것이라고 강조한다. 능엄주를 독송하는 사람이 없으면, 이 세계에서 정법正法이 사라져 곧 멸망하게 되기 때문이다.

요즘 일부 사람들이 능엄경과 능엄주는 모두 가짜라고 말하는데, 이것은 온갖 마와 외도들이 이러한 황당무계한 말을 지어내어 사람들로 하여금 능엄경과 능엄주를 믿지 않게 하려고 하는 것이다. 능엄경과 능엄주는 부처님 정법 가운데 가장 중요한 것이다. 능엄경은 바로 능엄주를 위하여 설하신 것이고, 능엄주를 해석한 경이다. 능엄경과 능엄주의 중요성은 아무리 말해도 다 말할 수 없다. 미래세가 다하도록 경의 공덕功德과 묘용妙用을 다 말할 수 없으니, 참으로 불가사의한 경이다. 결론적으로 말하자면 능엄경은 바로 능엄주를 찬탄한 것이다.

만약 어떤 한 사람이 능엄주를 독송한다면, 요괴와 삿된 마들은 감히 세상에 공공연히 나타나지 못할 것이다. 왜냐하면 그들이 가장 두려워하는 것이 바로 능엄주이기 때문이다. 만약 단 한 명의 사람도 능엄주를 외우지 못한다면 그때는 요괴와 삿된 마들이 세상에 출현할 것이다. 그들이 세상에서 온갖 나쁜 일을 저질러도 보통 사람들은 그들을 알아차릴 수가 없다. 지금 능엄주를 독송하는 사람이 있으면 요괴와 삿된 마들은 감히 공공연히 세상에 나타나지 못하니, 따라서 세계가 멸망하지 않기를 바란다면, 빨리 능엄주를 염송하고 능엄경을 읽어야 할 것이며, 이것은 바로 정법이 세상에 머물게 하는 것이다.

## 능엄주는 미묘하고 불가사의하다

능엄주의 '능엄' 두 글자는 번역하면 구경견고究竟堅固 즉 처음부터 끝까지 견고함을 뜻한다. 이 능엄주는 '마하살달다반달라다라니摩訶薩怛多般怛囉陀羅尼'라고 하며, 또 '불정광명마하살달다반달라무상신주佛頂光明摩訶薩怛多般怛囉無上神呪'라고도 한다.

불정佛頂은 바로 석가모니 부처님 정수리의 화불化佛을 말하는데, 그 정도로 능엄주는 미묘하고 불가사의한 것이다. 능엄주에서 말하는 것은 모든 마를 항복시키는 것이며, 모든 외도를 제압하는 것이다. 시작부터 끝까지 구절구절이 모두 부처님의 심지心地법문이며, 구절구절마다 쓰임이 있고, 각각의 글자마다 오묘함이 있으며, 모두 불가사의한 힘을 구족하고 있다. 능엄주 전체뿐만 아니라 단지 한 회會나 한 구절 또는 한 글자만 독송하여도 모두 하늘을 놀라게 하고 땅을 뒤흔들기 때문에 천지가 놀라고 귀신이 울며 요사스러운 마귀가 멀리 피하고 도깨비가 모습을 감추게 된다.

따라서 불정광명佛頂光明의 광명은 바로 능엄주의 힘을 나타내는 것이며, 일체의 암흑을 깨뜨리고 일체의 공덕을 성취할 수 있는 것이다. 당신이 만약 능엄주를 수지할 수 있으면 장래 반드시 성불할 것이며, 반드시 무상정등정각을 얻게 될 것이다. 당신이 만약 항상 능엄주를 염송하면 숙세의 업장을 소멸할 수 있으며, 이전의 죄업을 모두 소멸시킬 수 있으니, 이것이 능엄주의 묘한 작용이다.

## 능엄주는 덕이 있어야 만날 수 있다

마하maha는 범어로서 번역하면 '크다[大]'는 뜻이다. 그렇다면 무엇이 크다는 것인가? 바로 체體, 상相, 용用이 모두 크다는 것이다. 체는 시방세계에 두루 퍼져 있으므로 크다고 하는 것이며, 그 작용은 허공에 다하고 법계에 두루하는 것이며, 그 상은 모습이 없는 것인데, 모습이 없으면서도 모습 아님도 없는 것이다.

능엄주의 작용은 무슨 작용이 없다고 말할 수 있으나, 허공이 다하고 법계에 두루하여 작용하지 않은 바가 없는 것이다. 그래서 그 작용은 큰 작용[大用]이며, 그 모습은 큰 모습[大相]이며, 그 체는 큰 체[大體]로서 시방세계에 두루하고 허공이 다하고 법계에 두루하니, 이것이 마하의 뜻이다.

살달다도 범어이며, 번역하면 '희다[白]'는 뜻이다. 바로 청정하다는 뜻이며, 또한 오염됨이 없다는 뜻이다. 소위 백정법白淨法 즉 청정하여 오염됨이 없는 법이라고 하며, 이 능엄주가 바로 희고 청정한 법[白淨法]이다.

반달라도 범어이며, 번역하면 '산개傘蓋:日傘¹⁾'라는 의미다. 일산은 일종의 비유로서 만덕萬德을 감싼다는 뜻이다. 이 일산의 쓰임은 바로 모든 덕이 있는 사람을 보호하는 것이다. 덕행이 있는 사람은 바로 이와 같이 희고 깨끗한 법을 만날 수 있지만, 덕행이 없는 사람은 이러한 법을 만날 수 없다는 것이다. 게송으로 말하면 다음과 같다.

> 세 가지 빛이 하늘, 땅, 사람을 두루 비추니
> 염부제에 너는 오지 않을 것이네.
> 큰 덕이 있거나 크게 착한 사람은 얻을 수 있으나
> 덕이 없고 착하지 못한 사람은 이해할 수가 없네.
> 三光普照透三才
> 閻浮世界你不來
> 大德大善能于得
> 無德無善不明白

삼광보조투삼재三光普照透三才에서 세 가지 빛은 태양과 달, 별을 가리키는 것이 아니다. 그 빛은 신광身光과 구광口光, 심광心光을 말한다. 다시 말하면 능엄주를 지송하는 당신의 몸과 입과 마음에서 나는 빛을 말하는데, 그것은 몸과 입과 마음으로 짓는 세 가지 업이 모두 방광하는 것이다. 그리고 삼재三才는 바로 하늘과 땅 그리고 사람을 가리킨다.

염부세계니불래閻浮世界你不來는 이곳 염부세계에서 당신은 찾을 수 없다는 것이니, 당신이 능엄주를 수지하면 비로소 이러한 빛을 얻

---

1) 햇볕을 가리기 위해 세우는 큰 양산

을 수 있다는 말이다.

대덕대선능우득大德大善能于得, 즉 만약 당신에게 큰 덕행과 큰 착함이 있다면 비로소 이러한 법문을 만날 수 있다.

무덕무선불명백無德無善不明白, 즉 덕이 없고 착한 공덕을 심지 않았다면, 당신은 직접 보면서도 지나치게 될 것이니 눈앞의 이익을 잃는 것이다. 황금을 보고도 알지 못하고 구리라고 여기게 되고, 보석을 보고도 하찮은 유리하고 생각하여 모두 알아차리지 못할 것이다. 당신이 능엄주를 보고 별 가치 없는 평범한 것이라고 생각하게 될 것이다. 그러므로 보배의 가치를 알지 못하고 그 묘함과 소중함을 알지 못할 것이니, 능엄주의 이와 같은 공덕이 불가사의함을 알지 못할 것이다.

여기에서 세 가지 빛은 단지 몸과 입과 마음으로 짓는 세 가지 업이 청정한 광명을 방출하는 것만이 아니라 붉은 광명이 솟아오르는 것을 말한다. 당신이 능엄주를 독송하면 자연히 붉은 광명이 솟아오른다. 그래서 다음과 같이 말하는 것이다.

천 송이 홍련이 몸을 보호하고
검은 기린을 타네.
모든 요괴들이 한 번 보면 안으로 숨고
제공 법사는 묘한 소리를 가지고 있네.
千朶紅蓮護住身
坐駒騎着黑麒麟
萬妖一見往里躲
濟公法師有妙音

천타홍련호주신千朵紅蓮護住身, 즉 천 송이의 붉은 연꽃이 당신의 몸을 보호한다고 할 때, 붉은 연꽃은 붉은 광명이 솟아오르는 것을 말한다. 당신이 능엄주의 앞부분 스물아홉 구절을 염송하면 이러한 경계가 나타날 것이다.

좌구기착흑기린坐駒騎着黑麒麟, 이 능엄주를 독송하는 사람은 신령한 동물인 검은 기린을 타고 앉을 것이며,

만요일견왕리타萬妖一見往里躱, 즉 어떠한 요괴, 마, 귀신, 괴물이라 할지라도 한 번 보기만 해도 도망갈 것이니, 그들이 감히 이러한 큰 위덕을 대면할 수 없기 때문이다. 또 우리들은 모두 제공 법사濟公法師를 알고 있다. 제공 법사는 중국 송나라 때 항주 영은사로 출가해서 큰 도를 깨치고 신통이 자재하여 많은 교화를 펼친 스님이다. 그 당시 제공 스님은 오로지 능엄주의 처음 29구절의 주문을 사용해서 하늘의 마귀를 항복받고 외도를 제압하였으며 그 영력이 매우 뛰어났다. 그런 이유로 제공법사유묘음濟公法師有妙音이라고 말한 것이다.

주의 이 구절은 우리에게 "진허공, 변법계, 일체 제불, 일체 보살, 일체 성문 연각, 일체 제천께 귀의합니다."를 가르치는 것이다. 이것도 삼보의 일부를 호지護持하는 것이다. 그래서 주의 이 부분을 염할 때 일체의 요마와 귀신들이 모두 90리 밖으로 피할 것이다. 단지 90리 밖으로 피할 뿐만 아니라 그들이 물러날 수 있는 곳까지 물러나려고 할 것이고, 감히 장난을 치지 못하고 모두 얌전해질 것이다. 대략의 뜻을 말하면 이렇지만, 상세하게 말하자면 말로 표현할 수 없을 정도로 묘하다. 그래서 다시 말한다.

오묘함이 무궁하여 실로 변화를 측량하기 어려우며
금강장 보살의 비밀한 말 본 성품에서 나오네.
능엄주 속에는 신령하고 묘함이 들어있어
오안육통의 신통을 모두 다 연다네.
奧妙無窮實難猜
金剛密語本性來
楞嚴呪裏有靈妙
五眼六通道凡開

오묘무궁실난시奧妙無窮實難猜, 즉 이 능엄주는 매우 오묘하여 그 변화도 불가사의하며 측량하기가 쉽지 않다.

금강밀어본성래金剛密語本性來, 즉 능엄주는 비밀스런 가운데 가장 비밀하며, 금강장 보살이 이 주를 보호하는 것이며, 금강장 보살의 불성에서 나오는 것이다.

능엄주리유령묘楞嚴呪裏有靈妙, 즉 능엄주는 신령한 글[靈文]이라 이르는데, 신령하기 때문에 특별한 힘이 있다. 그래서 능엄주에는 영묘함이 있다고 말한다.

오안육통도범개五眼六通道凡開, 즉 당신이 만약 항상 능엄주를 지송하면서 마음이 다른 곳에 분산되지 않고 일심으로 집중하면, 당신은 오안육통을 얻어 불가사의한 경계가 나타나게 될 것인데 그 변화를 측량할 수 없을 것이다. 그것은 일반 범부로서는 알 수 있는 것이 아니다. 그렇기 때문에 모든 사람들이 능엄경을 독송하고 능엄주를 암송하기를 바라는 것이다.

당신이 능엄주를 한 번 외우면 요사스런 마귀와 귀신들이 나타나지 못하는데 무엇 때문인가? 주의 힘이 너무나 크기 때문이다. 진허공변법계에 이러한 상서로운 광명과 기운이 가득 차지 않은 곳이 한 곳도 없기 때문에 천지에 바른 기운[正氣]이 부족한 것을 메워준다. 한 사람이 능엄주를 염송하면 한 사람의 힘만큼 있게 되지만, 백 사람이 염송하면 백 사람의 힘이 있게 되어 온 세상의 모든 요사스런 마귀와 귀신, 괴물들이 얌전해질 것이다. 따라서 한 사람이라도 더 많이 능엄주를 외우는 것이 좋다.

## 능엄주는 무상신주無上神呪이다

능엄주는 무상신주無上神呪이다. 무엇을 무無라고 하는가? 바로 고명高明함이 끝이 없다는 것이며, 또한 광명이 최고에 도달하여 다시는 이러한 고명함과 광명을 뛰어넘는 것이 없으므로 무無라고 하는 것이다.

무엇을 상上이라고 하는가? 이것보다 더 존귀하고 고상한 것이 없으므로 위[上]라고 하는 것이다. 신神이란 바로 불가사의하며 위엄과 신령함을 헤아릴 수 없다는 말이다. 능엄주를 독송하여 정성에 감응하여 도道와 서로 통하게 되면, 일종의 힘이 생기는데, 여러분이 주를 염송하면 바로 감응이 있게 된다.

'불정광명마하살달다반달라무상신주佛頂光明摩訶薩怛多般怛囉無上神呪'는 석가모니 부처님 정수리의 광명으로서 주를 지송하는 모든 사람을 크고 흰 일산처럼 덮어서 보호하는 것이다.

능엄주를 제대로 이해하는 사람은 없으며 또한 한 구절이나 한 글자도 설명할 수 없다. 다만 당신이 주를 이해하고 싶어한다면 억지로라도 내가 여러분에게 설명할 수는 있다. 능엄주만 설명하려 해도 일 년도 모자라고 삼 년도 모자라며 심지어 십 년이 걸려도 다 설명할 수 없다. 지금 나는 능엄주의 대강의 뜻을 간략하게 설명하는 것이다.

◉

## 능엄주는 오방의 마魔를 진압한다

능엄주는 다섯 회會로 이루어져 있다. 이 다섯 회[五會]는 바로 다섯 방향[五方]을 뜻하는데, 동방과 서방, 남방, 북방 그리고 중앙을 말한다.

동방은 금강부金剛部로서 아촉불阿閦佛이 교주이며, 남방은 보생부寶生部로서 보생불寶生佛이 교주이며, 중앙은 불부佛部로서 석가모니불釋迦牟尼佛이 교주이며, 서방은 연화부蓮華部로서 아미타불阿彌陀佛이 교주이며, 북방은 갈마부羯摩部로서 성취불成就佛이 교주이다.

이 다섯 부는 이 세계의 다섯 방향에 있는 다섯 가지 큰 마군魔軍을 관리하는 것이다. 다섯 마魔가 있기 때문에 부처님도 다섯 방향으로 나누어 이들 마를 진압하는 것이다. 만약 부처님이 계시지 않으면 그러한 마가 곧바로 세상에 출현할 것이다.

따라서 당신이 능엄주를 한번 독송하면 이 다섯 방향에 있는 다섯 가지 큰 마군은 머리를 조아리며 얌전해져서 감히 능엄주의 위력을 범하지 못한다. 능엄주는 이 다섯 부[五部]를 갖추고 있기 때문에 가장 묘한 것이다. 그러나 주를 염송하는 당신이 집착이 없어야 한다.

만약 집착이 있으면 크게 묘할 수 없을 것이다.

　　능엄주에는 다섯 모임[五會]이 있는데, 30여 부의 법이 나뉘어져 나온다. 옛날에 내가 중국 동북 지방에 살 때 많은 사람들의 병을 치료할 수 있었던 것도 모두 능엄주의 이러한 힘이 있었기 때문이다. 그러나 능엄주는 모든 사람들이 함부로 사용할 수 있는 것은 아니다. 만약 사용한다고 하여도 전체를 다 사용하는 것은 아니다. 왜냐하면 30여 부의 법이 나오기 때문이다. 이것은 대략적으로 설명한 것이고, 상세하게 설명하자면 100여 가지나 된다.

## 능엄주의 주요 작용

첫째, 능엄주에는 성취법成就法이 있다. 능엄주를 염송하면 당신이 어떤 수행법으로 수행을 하거나, 무슨 일을 구하든지 혹은 무엇을 원願하든지 간에 모두 성취할 수 있다.

　　둘째는 증익법增益法이 있다. 예를 들면 당신이 도를 닦는데 도심道心이 부족할 때 이 능엄주를 지송하면 당신의 지혜가 늘어나고 보리심菩提心이 증장되며, 원력願力이 증대되는 등 모든 것을 다 증가시킬 수 있다. 당신이 이 주를 지송하면 스스로가 구하는 것을 증익시키는 것은 물론이며, 다른 사람이 구하는 것도 증익시킬 수 있다. 그런 까닭에 증익법이 있다고 한다.

　　셋째는 식재법息災法이 있다. 당신에게 어떤 재난이 생겼을 때, 이 주를 지송하면 재난이 소멸하는 것이다. 예를 들면 본래 당연히 바다에 빠져 죽을 사람이 능엄주를 염하면, 그런 일이 녹아 없어지게 되어 그 사람이 바다에 떨어져도 빠져죽지 않을 것이다. 혹은 당신이 배를 탔을 때, 배가 침몰할 위험에 처했더라도 이 주를 염하면 배가 침몰하지 않을 것이다. 또한, 비행기를 타고 가는데 이 비행기가 공중에서 폭발하게 되었더라도 이 주를 염하면 폭발하지 않을 것이다.

하지만 당신은 스스로에게 의지하여 자기 마음속의 재난을 소멸해야 한다. 당신의 마음속에 어떤 재난이 있는가? 예를 들면 당신이 오직 주를 염하는 데만 의지하지 못하고, 마음속으로 어지럽게 망상을 피우면서 좋지 않은 생각을 하고, 청정하지 못한 잡념이나 욕망을 가진다면, 즉 당신 마음속에서 근본적으로 재난이 제거되지 않으면, 당신이 어떤 주를 염해도 아무 소용이 없다.

따라서 당신의 재난을 없애려고 하면 반드시 마음을 먼저 청정하게 해야 한다. 마음이 청정해지는 것이 진정한 식재息災인 것이다. 마음속에 탐진치가 가득하다면 당신이 어떤 주를 염하더라도 영험하지 못할 것이다. 따라서 이 마음이 가장 중요한 것이며, 반드시 선량하고 자비스러우며 다른 사람을 돕는 착한 마음을 가져야 한다.

넷째는 구소법勾召法이다. 당신이 만약 천마외도天魔外道를 만나게 되어서 그들을 잡으려고 할 때 사용하는 법이다. 예를 들면 마치 경찰이 범인을 잡는 것과 같다. 요사스런 마귀나 귀신들이 어떤 지방에서 사람들을 해치고 잘못된 일을 저지르며, 사람들에게 병이 나게 하고 재난을 생기게 한 후 도망갔을 때 당신이 그 마귀나 귀신을 잡을 때 사용할 수 있다. 그럴 때 능엄주를 지송하면 그들이 멀리 도망가려고 해도 일체의 호법선신과 천룡팔부, 팔만 사천의 금강장 보살이 즉각

잡아들이게 되는 것이다. 그들을 잡는 것도 잡는 것이지만, 그들이 여전히 복종하지 않는다면 그때는 반드시 교화시켜야 할 것이다. 당신이 단지 그들을 압박하기만 하고 항복시키려고 하면 그것은 우월한 방법이 아니고 좋은 방법이 아니다. 좋은 방법은 어떠한 힘도 사용하지 않고 그들을 제압하는 것이다. 그들을 압박하거나 맞서 싸우지도 않는 것이다. 아수라처럼 투쟁하지 말아야 하며 또한 그렇게 투쟁하는 방법을 배우지 않아야 한다. 당신이 확실하게 그들을 항복시킬 힘이 있다면, 항복법을 쓰지 말고 덕행으로 그들을 감화시키고 교화하는 것이 좋다.

다섯째로 항복법降伏法이 있다. 마魔들도 신통이 있고, 자신들의 주呪도 가지고 있다. 그래서 당신이 주를 염하면 마도 주를 염한다. 그러나 당신이 능엄주를 사용하면 마가 가진 모든 주를 깨뜨리게 되므로 마를 항복시킬 수 있다. 능엄주의 힘을 사용하면 마를 항복시켜서 얌전하게 만들 수 있다.

내가 예전에 이런 말을 여러분에게 한 적이 있다. 능엄주에 들어 있는 몇몇 구句는 마의 계략을 깨뜨릴 수 있는 주이며, 마의 주술을 깨뜨릴 수 있다고 하였다. 왜 능엄주를 염하면 먼저 범천梵天의 주가 효험이 없게 되는가? 왜냐하면 능엄주에는 다섯 가지의 큰 심주 즉 오대심주五大心呪가 있기 때문이다. 이 오대심주는 천마외도의 모든 주술을 파괴하는 근본 주이다. 상대가 어떤 주를 사용하든지 간에 당신이 이 구절을 염하면 그들을 깨뜨릴 수 있고, 그들이 사용하는 주는 효험이 사라지게 된다. 나는 이 법을 몇 백만 달러에도 팔지 않을 것이다. 그러나 여러분의 마음이 진실하면 단 1센트도 받지 않고 여러분에게 전수해 줄 것이다. 그것이 바로 항복법이다.

결론적으로 말하면 당신이 어떤 수행법을 하든지 간에 당신은 반드시 무상無上의 보리심菩提心과 대자대비大慈大悲, 대희대사大喜大捨: 남의 공덕을 크게 기뻐하고 집착하지 않으며 다 버릴 줄 아는 것의 마음을 가져야 한다. 당신의 도력道力으로 어떠한 사람도 압박해서는 안 되고, 또한 어떠한 마나 귀신도 압박해서는 안 된다.

여섯째는 길상법吉祥法이 있다. 당신이 능엄주를 염하면 모든 일들이 원하는 대로 될 것이며 매우 길상해질 것이다. 능엄주에는 여러 가지 법이 있는데 나는 단지 그 중에서 몇 가지 법만 여러분에게 설명하는 것이다. 능엄주의 뛰어난 점은 너무도 많아서 말로 이야기하자면 몇 년이 걸려도 다 설명하지 못할 것이다.

## 능엄주는 부처를 탄생시키는 어머니이다

시방의 모든 부처님은 능엄주에서 생겨 나온다. 그러므로 능엄주는 모든 부처님의 어머니라고 할 수 있다. 시방의 모든 여래는 능엄주에 의지하여 무상정변지각無上正徧知覺을 이룬다. 시방의 여래는 그 응신應身이 갠지스강의 모래같이 수많은 국토에 가서 법륜을 굴려 중생을 교화하며, 시방의 중생에게 마정수기摩頂授記를 주며, 중생의 고통을 없애고 크고 작은 재난에서 해탈을 얻게 하는데 모두 능엄주심楞嚴呪心의 역량에 의지한 것이다. 가령 당신이 아라한과를 얻으려고 한다면 반드시 이 주를 염송해야만 마의 장애를 겪지 않게 된다.

## 능엄주를 지송하는 공덕

말법의 시기에 만약 어떤 사람이 능엄주를 외우거나 혹은 다른 사람으로 하여금 능엄주를 독송하게 한다면, 이러한 사람은 불[火]로도 태울 수 없고, 물로도 빠져 죽게 할 수 없으며, 어떤 독으로도 해치지 못한다. 어떤 독이라도 능엄주를 지송하는 사람의 입에 닿으면 모두 감로의 맛으로 변할 것이다. 능엄주를 수지하는 사람은 나쁜 곳에는 태어나지 않을 것이며, 나쁜 곳으로 가려고 해도 가지 않게 된다. 왜 그런가? 능엄주가 당신이 나쁜 곳으로 가지 못하게 하기 때문이다. 능엄주를 지송하는 중생은 설령 자신이 아무 복덕도 짓지 못했더라도 시방의 여래께서 모든 공덕을 그에게 준다. 당신이 능엄주를 염하면 부처님께서 세상에 나오실 때마다 항상 함께 태어나 부처님의 수행에 훈습薰習된다.

가령 당신의 마음이 매우 산란하여 집중이 되지 않고, 선정력이 없을지라도 마음속으로 능엄주를 생각하고 입으로 지송하도록 하라. 그렇게 하면 산란한 마음으로 능엄주를 지송하는 당신을 금강장 보살이 정밀하고 진실한 마음으로 따라다니면서 암암리에 재촉하여 조금씩 조금씩 산란한 마음을 없애주며, 점진적으로 선정력을 얻을 수 있게 한다. 이것이 바로 암암리에 당신을 도와 지혜를 열게 하며, 마음을 하나로 모아 팔만사천 항하사 겁 이전의 장구한 세월의 일도 모두 다 알 수 있게 하는 것이다.

당신이 만약 능엄주를 외워서 독송할 수 있고, 마음속에서 저절로 흘러나오게 되면, 능엄주가 바로 당신의 마음이고 당신의 마음이 바로 능엄주가 되는 지주삼매持呪三昧를 얻게 된다. 그렇게 되면 마치 흐르는 물과 같이 되어 능엄주가 끊임없이 이어지게 된다.

이러한 상태가 되면 당신은 최소한 일곱 생은 마치 미국의 석유왕처럼 그렇게 부유하게 살게 되고, 일곱 생 동안 권세 있는 사람이 될 것이다. 그러면 어떤 사람은 "그렇게 좋은 것이라니. 나도 빨리 능엄주를 배워서 일곱 생 동안 권세 있는 부자가 되어야지."라고 말할 수 있다. 만약 당신의 경계가 그렇게 작다면 차라리 능엄주를 배우지 않는 것이 낫다. 일곱 생 동안 권세 있고 부유하게 사는 것도 눈 깜빡하는 사이처럼 순식간이기 때문이다.

그렇다면 능엄주를 염송하면서 무엇을 발원해야 하는가? 마땅히 부처가 되어 무상정등정각無上正等正覺을 얻기를 발원해야 한다. 경계가 그렇게 작아서는 안 된다. 사실상 능엄주를 배우는 사람은 바로 부처님의 화신化身이다. 부처님의 화신일 뿐 아니라 또한 부처님 정수리 위의 화신불이며, 화신불 중의 화신불이다.

능엄주의 묘한 점은 불가사의한 것이다. 어떤 사람이 진실로 능엄주를 지송하면 그 지방의 허공에는 크고 흰 일산이 생긴다. 능엄주를 염하는 당신의 공부가 크고 높다면 심지어 수천 리 이내에 어떠한 재난도 일어나지 않게 될 것이다. 만약 당신의 공부가 작다면 그러한 일산이 당신의 머리 위에만 생겨서 당신을 보호할 것이다. 당신이 만약 도와 덕이 있는 고승대덕高僧大德이라면, 능엄주를 한 번 염하기만 하여도 온 나라가 좋은 것을 얻게 되어 재난이 없어질 것이다. 비록 재난이 있더라도 큰 재난은 작은 재난으로 변할 것이며, 작은 재난은 없어지게 될 것이다.

어떤 나라에 가뭄이나 흉년이 들거나, 전염병이 돌거나 도적이 횡횡하거나 전쟁이 나더라도, 능엄신주를 써서 성의 네 문 위에 놓아두거나 혹은 포대나 성루처럼 내려다 볼 수 있는 높은 곳에 두어라. 그리고 나서 나라의 모든 백성들이 능엄주를 맞이하여 절을 하며 공경스럽게 예배하고 일심으로 공양하기를 마치 부처님을 모시는 것처럼 하라. 그리고 백성들이 각자 몸에 능엄주를 한 권씩 지니거나 집안에 모시면 이러한 재난은 모두 소멸될 것이다. 능엄주가 있는 곳은 하늘의 용이 기뻐하여 광풍이나 폭우와 같은 재해가 없어져서 모든 곡식이 풍성하여 사람들이 편안히 살게 될 것이다. 능엄주의 묘한 점도 여기에 있으니, 당신이 아무리 생각해도 다 헤아리지 못할 것이다.

원래 파계[破戒]를 하면 구제할 수 없는 것이다. 그러나 능엄주를 염송하면 파계한 죄업에서 회복되어 계의 뿌리[戒根]가 청정해지게 된다. 하지만 능엄주를 조금 독송한다고 그렇게 되는 것이 아니고, 반드시 송주삼매[誦呪三昧]를 얻어야 가능한 일이다. 능엄주는 바로 당신의 마음 속에서 염송되어 나오는 것이며, 또한 당신의 마음 속에 이르게 될 것이다. 이른바 '주심심주[呪心心呪: 주의 마음과 마음의 주]'라고 말하는데, 이것은 마음과 주가 하나로 되어 분별이 사라지는 것이다. 또한 잊으려 해도 잊을 수 없게 되는데, 이것을 '염하지 않아도 염하며, 염해도 염함이 없다[不念而念, 念而無念]'는 것이다. 당신이 능엄주를 지송하여 일체의 망상 잡념이 없어지게 되면, 능엄주와 마음이 하나가 되어 타성일편[打成一片]을 이루게 되며, 그것을 능엄주와 마음이 하나로 합쳐지게 되는 것이라고 한다.

능엄주를 염하는 당신의 마음이 하나로 뭉쳐지게 되어 다른 생각이 없게 되면, 마치 물이 끊이지 않고 흐르는 것과 같이 앞의 물결이 뒤의 물결을 밀어 물결 물결이 이어지게 된다. 이러한 상태가 '물이 흐르고 바람이 불어 마하를 연출한다[水流風動演摩訶]'는 것이며, 물이 흐르는 소리와 바람이 부는 소리 모두 능엄주의 주심[呪心]이다. 당신이 염하여 이러한 경계에 도달하면, 그때는 당신이 파계를 했어도 계의 뿌리가 청정하게 될 것이며, 당신이 계를 받지 않았으면 곧 계를 받게 될 것이다.

본래 당신이 앞으로 나아가지 않고 불법을 연구하지 않아도 능엄주를 오래도록 염송하면, 저절로 정진심이 나오게 되며, 지혜가 없는 사람은 또한 지혜를 열게 될 것이다.

만약 당신이 수행하는데 파계하여 청정함을 얻지 못할 지라도, 당신이 능엄주를 잊지 않는다면 청정함을 빨리 회복하게 될 것이다. 당신이 능엄주를 지송하면서 계를 범하는 경우가 있을 수 있다. 가벼운 죄이든 무거운 죄이든, 심지어 참회가 통하지 않는 네 가지 바라이 죄나 오역죄, 사기팔기[四棄八棄]의 죄라도, 당신이 성심으로 능엄주를 염송하면 모든 죄가 소멸될 것이다. 머리카락의 수만큼 수많은 죄도 전부 없어지게 될 것이다. 이와 같이 능엄주의 힘은 불가사의한 것이다.

◉

## 능엄주를 지송하면서 돌이켜 자성을 들어야 한다

어떤 사람이 능엄주가 이렇게 신령하다는 말을 듣고 단지 주를 염하기만 하고 수행을 하지 않는다면, 이것도 크게 잘못된 행위이다. 왜냐하면 도를 닦을 때는 무슨 법을 닦든지 간에 중도中道를 구해야 하며 크게 지나치지 않아야 하고, 모자라지도 않아야 한다. 이 주가 비록 신령하지만 선정禪定도 닦아야 한다.

능엄경에서 이 주가 신령하다고 말하지만, 돌이켜 자성을 듣는[反聞聞自性] 이근원통법耳根圓通法을 수행하는 것이 가장 중요한 것이다. 당신이 능엄주를 송할 때에는 돌이켜 자성을 들어야 하며, 자기가 회광반조回光返照해야 한다는 것을 앞에서 말하지 않았던가?

능엄주를 송함에 있어서 주呪는 바로 마음心이며, 마음 또한 주로서 마음과 주를 나눌 수 없으며, 마음과 주가 둘이면서 둘이 아니다[二而不二]. 당신이 이러한 경지에 이르면 무엇을 구하든 마음대로 얻게 될 것이며, 반드시 성취할 것이다. 그러면 당신은 마음과 주가 하나로 합해져서 바로 선정삼매禪定三昧를 얻게 될 것이며, 진정한 선정력을 얻게 될 것이다. 이것을 우리는 반드시 알아야 한다.

능엄주는 구절구절마다 무량한 뜻이 있으며, 각각의 뜻마다 무량한 공능이 있다. 능엄주는 천지간의 신령스런 글이며, 신령한 글 중에서 가장 신령한 글이며, 비밀 중의 비밀이며, 무상의 법보이며, 일체 중생의 목숨을 구하는 보배라는 것을 알아야 한다. 또한 능엄주는 삼라만상을 모두 포괄하여 위로는 시방 제불에 이르고, 아래로는 아비지옥에 이른다. 사성육범四聖六凡이 모두 능엄주의 법을 존중해야 하며, 십법계十法界 가운데서 어떤 법계도 이 범주에서 벗어남이 없으며, 모든 귀신과 천신, 성문, 연각, 불승佛乘 모두 능엄주의 범위 안에 있는 것이다.

능엄주에서 말하는 것은 모두 귀신왕의 이름이다. 이와 같이 귀신왕의 이름을 염하면 그 권속들이 모두 복종하고 규율을 준수하며 감히 함부로 날뛰지 못한다. 매일 능엄주를 염송하면 이 세상의 모든 요사스런 마귀와 귀신이 얌전하게 되어 감히 사람을 해칠 수 없을 것이다.

◉

## 능엄주에는 불법의 정수精髓가 다 들어있다

능엄주는 전체대용全體大用의 주 즉 십법계를 모두 다 포괄하며 구절구절마다 큰 쓰임이 있는 주로서 부처님께서 가르치신 모든 교의를 포괄한다. 만약 능엄주를 바르게 이해할 수 있으면 불교의 비밀의 정수를 모두 이해할 수 있을 것이다. 천지의 오묘함, 천지의 불가사의한 일도 능엄주 안에 다 있다. 만약 능엄주를 할 줄 알면 밀종密宗의 어떤 가르침도 배울 필요가 없다. 이것은 근본의 삼매법三昧法이며, 가장 뛰어난 밀법密法이다.

그러나 이 밀법을 이해하는 사람이 없고, 인식하는 사람도 없다. 일반인은 배우고도 변화되지 않으며, 단지 염송할 줄만 알 뿐 능엄주의 의의를 모르고 있다. 단지 그것이 불가사의하고 신령한 글이라는 것을 알면 충분하다. 능엄주를 염송할 수 있으면 중생을 이롭게 할 수 있으며, 염송할 수 없으면 중생을 이롭게 할 수 없다.

여러분은 하루 빨리 능엄주를 배워서 암송할 수 있어야 할 것이다. 외울 줄 아는 것에 더해서 주를 연구해서 이해하게 되어야한다. 그것이 비로소 불교도가 마땅히 갖추어야 할 행위인 것이다. 능엄주를 배우고 지송하려는 사람은 큰 마음을 발하여 전 세계를 위해 지송하고 모든 공덕을 전 세계에 회향하는 것이 가장 좋다.

◉

## 능엄주는 정법正法을 대표한다

부처님의 가르침 안에서 능엄주보다 더 중요한 것은 또 없으며, 능엄주는 정법正法을 대표한다. 능엄주가 있으면 정법이 존재하는 것이며, 능엄주가 없으면 정법이 존재하지 않는 것이니, 능엄주를 외울 줄 모르면 불교도라고 할 수 없다. '능반년楞半年'이라는 말이 있는데, 능엄주를 매일 염송해서 반년이 지나야 비로소 외울 수 있다고 해서 하는 말이다.

능엄주를 외울 수 있는 사람은 모두 무량 겁 이래로 큰 선근을 심어온 사람이다. 그런 사람이라야 비로소 능엄주를 숙달되게 독송하고 외울 수 있으며, 영원히 잊지 않으면 그것이 바로 선근善根이라는 표시이다. 만약 당신이 선근이 없으면 읽을 수도 없을 뿐 아니라 능엄주의 이름조차도 만날 수 없을 것이다. 비록 만난다 하더라도 이해하지 못하고 읽을 수도 없을 것이다. 따라서 지금 읽을 수 있고 외울 수 있으면, 모두 큰 선근이 있는 사람이다.

능엄법楞嚴法은 백천만 겁에 만나기 어려운 법문이며, 우리가 한 구절을 배우면 한 구절을 이해한 힘으로 실행해야 한다. 그러나 이 법에 큰 영감靈感과 묘용妙用과 힘[力量]이 있다는 것을 듣더라도 곧바로 그러한 힘을 사용할 수 있는 것은 아니다.

능엄법을 사용함에 있어 계를 지니지 않으면, 다시 말해서, 마치 보통 사람처럼 아무것도 이해하지 못하고 함부로 살생하고, 훔치고, 사음하고, 거짓말 하고, 술을 마시면서 긴요할 때만 오대심주五大心呪를 염하는 것은 법을 더럽히고 멸시하는 것이다. 공덕이 없으면서 도리어 귀신과 호법천신을 지배하려고 하면, 단지 자기의 죄업을 증가시키는 것이니, 재난과 횡액을 당하게 될 것이다.

따라서 불법을 수행하는 사람은 우선 계행을 지켜야 할 것이며, 열심히 덕행을 닦아야 한다. 우선 다투지 않고[不爭], 탐하지 않고[不貪], 구하지 않고[不求], 사사롭지 않고[不自私], 이기적이지 않으며[不自利], 거짓말을 하지 않아야[不打妄語] 한다. 당신의 도道와 덕德이 부족하면 마치 거짓으로 성지聖旨를 전하여 국왕을 속이는 것처럼 그것이 통하지 않을 것이다. 단지 주를 염송하는데 영험하게 효력이 나타나는 것에만 치중하고, 자신의 성품과 덕성을 닦는 것을 중시하지 않으면, 설령 주를 염한다고 해도 공력功力이 없을 것이다.

따라서 능엄주의 법을 배우려면, 행하는 바가 반드시 바르고, 마음 씀씀이를 바르게 해야 하며, 청정하지 못한 망상을 짓지 말아야 하며, 청정하지 못한 일을 저지르지 말아야 하며, 항상 청정한 행을 닦는 것을 잊지 않아야 한다. 만약 한편으로는 능엄주의 법문을 수행하지만, 한편으로는 규율을 잘 지키지 않는다면, 큰 문제가 발생될 수 있다는 것을 반드시 알아야 한다.

만약 당신이 바른 생각을 하지 않고 바른 행을 행하지 않으면 곧 금강장 보살은 당신을 공경하지 않을 것이며, 또한 보호하지도 않을 것이다. 불보살은 자비로운 분으로서 중생에게 손해를 끼치지 않고,

사람을 해치지 않는다. 그러나 불보살을 모시는 모든 천신들과 일체의 호법 천룡, 귀신들은 모두 매우 성미가 고약하다. 이러한 호법 천신과 귀신들은 능엄주를 염송하며 수행하는 사람이 잘못을 행하는 것을 보면 그 사람에게 약간의 고통을 주거나 부자유스럽게 할 수 있다. 또는 크게 귀찮게 하거나 갖가지 재난을 부르고 과보가 생기게 할 것이다. 이것은 조금도 농담이 아니며 사실이다.

그러므로 반드시 목욕재계하고 마음은 청정하게 하여 오염된 생각을 짓지 말아야 하며, 몸도 청정하게 하여 삿된 행동을 하지 않고 시시각각 청정함을 유지하여야 하며, 규율을 범하는 행위를 조금도 하면 안 된다.

능엄주를 한 번 독송하는 것은 마치 수만 냥의 황금보다 더 가치가 있는 일이다. 하지만 탐하는 마음으로 지송하면 안 된다. 만약 마음속에 질투와 장애가 없고 탐진치가 없이 능엄주를 지송하면 큰 감응과 큰 이익이 있지만, 만약 당신이 규율을 지키지 않는 행위를 한다면 이 법을 닦아도 큰 감응과 힘이 없다.

그것은 결코 주에 영험이 없기 때문이 아니라, 당신이 계를 지키지 않아서 호법선신이 당신에게서 멀리 떠나 무슨 일도 관여하지 않기 때문이다. 따라서 무릇 능엄주를 지송하는 사람은 터무니없는 마음을 갖지 않아야 하며, 죄업의 행위를 짓지 않아야 한다. 어떠한 때라도 광명정대光明正大해야 하며, 남을 이롭게 하고 자신의 이익만 구하지는 말아야 하며, 보살의 마음을 간직하고 보살의 행을 지어야 한다.

능엄법을 닦는 것은 매우 신령스런 감응[靈感]이 있지만 그렇게 쉬운 것이 아니다. 우선 사사로운 마음이 없어야 하고, 이기적인 마음이 없어야 하며, 크게 중생을 위하는 마음을 간직하고 치우치지 않은 마음을 지녀야 하며, 자기를 버리고 남을 위하는 마음을 가지고 일체 중생을 널리 제도하려는 마음을 가져야 한다. 이와 같은 마음을 지니고 있으면 매우 빨리 성취할 수 있다.

여러분은 주의해야 한다. 반드시 오계五戒를 지키고 십선十善을 봉행해야 한다. 이것은 능엄주를 지송하는 사람이 최소한도로 준수해야 할 규칙이다. 이 법을 닦으면서 이러한 규칙을 지키지 않으면 안 된다. 계를 지키지 않거나 혹은 마음속에 오염된 망상을 지으면, 감응이 없을 뿐만 아니라 성취도 없으며, 이상한 횡액이나 재난이 생기게 될 것이다.

따라서 능엄법을 닦을 때는 특별히 주의해야 하며, 몸과 입과 마음으로 짓는 세 가지 업을 청정하게 해야 비로소 상응할 수 있다. 함부로 시비를 말하거나 불화를 일으키거나 혹은 도량에서 대중들을 편안하게 머물지 못하게 하면 안 된다. 당신은 반드시 행동거지에 스스로를 통제하고 행주좌와에 참된 성품의 집을 떠나지 말아야 하며, 가능한 한 다른 사람을 방해하지 말고 자기를 잘 돌보고 회광반조回光返照해야 할 것이다.

## 능엄주는 신령스런 글이다

능엄주는 신령스런 글이다. 구절마다 각각의 효력이 있다. 당신은 '내가 능엄주를 지송하는데 어째서 효험이 없지?'라고 생각할 필요가 없다. 효험이 있든지 없든지를 막론하고 지속적으로 염송하라. 수행은 마치 무술을 연마하는 것과 같아서, 매일 연습하여 단련하면 공력이 생기지만, 단련하지 않으면 공력이 생기지 않는다. 같은 이치로 이 법을 수지하면서 매일 끊어짐이 없이 꾸준히 할 것이며, 어떠한 상황 하에서도 아무리 바빠도 이 법을 닦아야 한다. 시간이 오래 지났다고 하여 게으른 마음이 생겨서는 안 되며, 능엄주에 대하여 흥미를 잃어서도 안 된다.

이것은 당신이 한 번 읽는 것만으로 무슨 효험을 본다는 것을 말하는 것이 아니다. 무슨 효험을 보고 안 보고에 관계없이 당신은 매일 수지하고 독송해 나가야 한다. 세월이 오래되면 반드시 공력이 깊어질 것이다. 하루아침에 성취할 수 있거나 감응이 생기는 것이 아니다. 마치 독서를 할 때 10년, 20년, 30년을 해야 비로소 진정으로 학문이 깊어지는 것처럼 수행도 이와 같다.

능엄법을 닦을 때는 언제나 잊지 않고 시시각각으로 지송해야 하며, 끊어짐이 없이 마치 옷을 입고 밥을 먹고 잠을 자는 것과 같이 그렇게 중요하게 여겨 하루도 거르지 말아야 한다. 무슨 효험이 있든지 없든지 간에 당신은 매일 지송하고 독송해야 하며, 시간이 오래 되면 기초가 생기고 자연히 효험이 생긴다.

당신이 묘한 행을 성취하려고 하거나 불가사의한 힘을 얻으려고 생각한다면, 마음속으로 망상을 피우지 말고 헛된 생각을 하지 말라. 그리하면 반드시 묘한 행이 열리게 될 것이다. 또한 주를 지송하는 데 끊어짐이 있으면 삼매를 이룰 수 없을 것이다.

◉

## 진실하고 성실한 마음으로 지송해야 한다

능엄법문을 닦아나가는 데는 진실한 마음[眞心]과 성실한 마음[誠心]으로 수행해야 할 것이다. 무엇이 진실한 마음인가? 그것은 바로 능엄주를 지송하는데, 시간도 잊고 공간도 잊어버리고, 낮과 밤도 알지 못하며, 밥 먹는 것도 잊어버리고, 잠자는 것도 알지 못하는 마음이다. 모든 것을 잊어버리면 아무것도 없게 되며, 일념[念]이 무량겁과 같이 길며, 무량겁이 또한 일념이 될 것이다. 이러한 정신을 가지고 밥 먹는 것, 잠자는 것도 잊어버리고, 단지 일심으로 능엄주를 지송하면 반드시 삼매를 성취할 것이다. 그렇지 않으면 진정으로 능엄법문을 닦는다고 말할 수 없을 것이다.

　능엄법문만 이와 같이 수행해야 하는 것이 아니라 다른 법문을 닦는 것도 이와 같이 해야 한다. 걸어가도 가는 것을 알지 못하고, 앉아도 앉는 것을 알지 못하고, 목이 말라도 목마름을 알지 못하고, 배가 고파도 배고픔을 알지 못할 정도로 해야 한다. 그러면 어떤 사람은 이렇게 말할 것이다. "그것은 가장 어리석은 사람으로 변하는 것이 아닙니까?" 그렇다. 바로 이와 같아야 한다. 이래야 비로소 다음과 같이 될 수 있을 것이다.

크게 어리석음을 길러야 비로소 재주 있게 되며

배워서 어리석은 사람처럼 되어야 바야흐로 기묘함을 보게 되네.

養成大拙方爲巧

學到如愚始見奇

당신이 수행하는데 만약 어리석음이 이와 같이 되면, 무슨 법문을 닦든지 간에 모두 삼매를 이룰 수 있으며, 성취함이 있을 것이다. 당신이 어리석을 수 없으면 진정으로 삼매의 경계에 들어갈 수 없기 때문에 수행을 해도 상응함을 얻을 수 없을 것이다.

당신이 힘써 능엄주를 지송할 때 꿈에서 부처님께 예배하는 것을 보거나, 꿈에 부처님께서 광명을 발하는 것을 보게 되거나, 꿈에 부처님께서 마정수기를 주시거나, 혹은 꿈에 부처님께서 당신에게 경을 강의하고 법을 설하시는 것을 보거나, 혹은 꿈에서 보살, 연각, 성문, 거룩한 스님 또는 천상의 장군을 보거나, 혹은 꿈에 자기의 몸이 하늘로 오르는 것을 보거나, 혹은 꿈에 공중으로 나는 것을 보게 되면 이것은 모두 좋은 경계이다.

그리고 말을 타거나 강을 건너거나, 갖가지 상서로운 빛을 보거나, 매우 기이한 모습을 보게 된다. 비록 이러한 영험을 얻게 되더라도 당신은 마땅히 매우 조심해야 할 것이다. 당신은 보리심을 발하고, 몸과 입과 마음으로 짓는 세 가지 업을 청정하게 하여 더욱 공부를 다 잡아 능엄주를 지송해야 할 것이다.

또한 당신은 이러한 감응과 영험이 있었다는 것을 다른 사람에게 말해서는 안 된다. 당신에게 어떤 감응이 나타났다면 자신만 알면 되는 것이다. 만약 당신이 자신의 공덕을 자랑한다면 그것은 수행을 파는 것과 같아서 잘못된 것이다. 당신이 만약 감응이 나타났다고 자랑하게 되면 곧 틈이 생기게 되고, 마魔가 그 틈을 타고 들어올 것이다. 마치 당신에게 큰 재물이 있는데 잘 보관하지 않고 문 앞에 놓아두면, 반드시 남들이 훔쳐 가는 것과 같은 것이다.

따라서 불법을 수행함에 있어서는 조심해야 하며, 천마외도가 그 틈을 타지 않도록 해야 한다. 그러나 당신이 스스로의 명예나 이익을 추구한 것이 아니고, 혹은 남들의 공양이나 찬탄을 받기 위한 것이 아니고, 함께 도를 닦거나 수행하는 사람을 위해서 참고하도록 하는 것이라면, 그러한 좋은 경계에 대해 이야기해도 좋다.

능엄경에서 말씀하신 바와 같이 만약 당신이 능엄주를 지송하여 공부에 힘을 얻거나, 감응을 얻게 되면, 팔만 사천의 금강장 보살과 그 권속들이 항상 당신을 따르고 보호할 것이며, 당신이 마음 속으로 바라는 소원이 이루어지게 할 것이다. 비록 마왕魔王이 틈을 찾아 당신의 걱정거리를 찾으려고 해도 찾을 수 없을 것이다.

선종의 제5조 홍인弘忍 대사가 호북성湖北省 동산東山에서 수행하였는데, 계행이 엄정하고 수행이 매우 진지하였다. 한번은 토적들이 그 지방의 성城을 에워싸고 약탈하려고 하였다. 홍인 대사는 참지 못하고 성의 백성을 구출하기 위하여 산을 내려가 성으로 갔다. 토적들은 홍인 대사가 오는 것을 보고 놀라 혼비백산하여 모습을 감추고 도망갔다.

왜 이러한 일이 생겼는가? 왜냐하면 비록 홍인 대사가 홀로 산을 내려갔지만 토적들의 눈에는 갑옷을 입고 완전히 무장을 한 천상의 장수들이 구름같이 몰려오는 것으로 보인 것이다. 마치 하늘에서 내려오는 천신天神과 같이 갑옷을 입고 손에는 보검을 잡고 위세 등등하게 내려오는 것이 보인 것이다. 토적들은 이러한 모습을 보고 놀라 도망갔다. 칼 하나, 창 하나, 화살 하나 사용하지 않고 그들을 물리친 것이다. 이것은 홍인 대사가 늘 능엄주를 지송하였기 때문에 토적들이 홍인 대사를 한 번 보는 것만으로 놀라 도망간 것이다. 진정한 공부가 있으면 비로소 이러한 모습이 나타나는 것이다. 만약 진정한 공부가 없었다면 어떻게 이러한 신통변화가 나타나겠는가.

왜냐하면 석가모니 부처님께서는 지금 우리들 같은 초발심의 모든 수행인을 보호하기 위하여 능엄주를 드러내어 우리들이 선정력禪定力을 얻을 수 있도록 도와주신 것이며, 우리들의 몸과 마음이 편안하고 아무런 귀찮음이 없도록 하신 것이다. 따라서 우리들은 시시각각으로 이 법을 잊지 말고 성심으로 능엄주를 지송하면 이것이 바로 불법을 이어받아 계승하는 것이며, 정법이 오래도록 세상에 머물게 하는 것이다.

# 불교의 골수 『능엄경』

{ 능엄주는 삿된 것을 깨뜨리고
바른 것을 드러내는 신주神呪이며,
능엄경은 바로 능엄주를 위하여 설하신 경이며,
불교의 골수骨髓이다. }

우리는 부처님의 시대와는 먼 말법 시대에 태어났다. 그러나 법은 아직 멸하지 않고 세상에 있으니 모두 부처님의 법에 따라 수행할 수 있고 또한 깨달음을 열어 성인聖人의 과果를 증득하여 성불成佛할 수 있는 희망이 있다.

출가하여 수행자가 되면 반드시 일관된 종지宗旨를 가슴에 품어야 한다. 역경이 한꺼번에 닥쳐와도 불굴의 정신으로 굴복하지 않아야 한다. 누가 우리의 종지를 파괴하려 해도 동요하지 않아야 하며, 단지 자기가 행하는 것이 광명정대한 길임을 분명하게 인식하고 용맹스럽게 앞으로 나아가야 할 것이다.

말법시대에 하늘의 마魔와 도깨비와 요괴, 귀신 등이 가장 두려워하는 것은 능엄주다. 능엄주는 삿된 것을 깨뜨리고 바른 것을 드러내는 신령한 주呪이며, 능엄경은 바로 능엄주를 위해 설해진 경으로, 불교의 정수精髓이다.

만약 사람에게 정수가 없다면 살지 못하고 죽게 된다. 만약 부처님의 가르침 가운데 능엄경이 없다면 불법이 없다고 할 수 있다. 그런 까닭에 말법시대에 정법을 호지하는 가장 좋은 방법은 바로 능엄경을 독송하는 것이며, 더욱이 능엄주를 외어 암송할 수 있어야 할 것이다. 우리가 읽을 수 있고, 유창하게 독송할 수 있고 더 나아가 암송할 수 있고 또한 가능한 능엄경의 묘한 가르침[妙旨]을 발휘할 수 있으며, 우리들 각자가 다른 사람을 위해 해설할 수 있어야 한다.

만약 세상에 능엄주가 없다면 요사스런 마귀와 귀신, 온갖 괴물들이 함부로 날뛸 것이다. 그러나 능엄주가 있기 때문에 각종 요사한 술법이나 주문으로 중생에게 해를 끼치는 무리들이 모두 두려워서 감히 나타나지 못하는 것이다. 능엄주가 없다면 곧바로 온갖 마귀와 귀신들의 세상이 되었을 것이다. 요즘 사람들은 사상과 행위가 너무나 기괴하며 짐승보다 못할 때가 많다. 그것은 온갖 마귀와 귀신들이 사람들을 미혹해서 지혜를 잃게 하고 정신을 마비시켜 둔하게 하기 때문이다. 그래서 소나 말과 같은 동물보다 못한 행동을 하게 되는 것이다. 또한 능엄경을 이해하고 독송하는 사람과 능엄주를 지송하는 사람들이 갈수록 적어지기 때문에 마귀와 귀신들이 더욱 함부로 창궐하는 것이다.

만불성성萬佛聖城은 서구세계에 불법을 전하는 발원지며, 진실한 수행자들이 모인 곳이다. 또한 이곳은 요괴와 귀신이 없으며 그런 것들이 머물 수 없는 곳이다. 어떤 사람은 만불성성에 오더라도 오래 머물지 못하고 떠나가는데, 그것은 모두 덕행이 부족하고 삿된 생각이 많기 때문이다. 만불성성에 오래 머물면 자신의 정체가 드러나기 때문에 오래 머물지 못하는 것이다.

어떤 저명한 교수나 학자들 심지어 몇몇 출가수행자조차도 능엄경은 가짜라고 공개적으로 말하는 경우가 있다. 그 사람들은 왜 이렇게 전도된 생각을 갖게 되었을까?

능엄경에는 '오십 가지 음마陰魔'와 '네 가지 청정하고 밝은 가르침[四種淸淨明解 : 음행, 살생, 도둑질, 거짓말을 하지 말라고 경계함]'이 있는데, 이 가르침들이 그들의 요사스러운 정체를 적나라하게 드러내는 것을 견딜 수 없기 때문이다. '오십 가지 음마'에 대한 법문과 그들을 비교하면 이들의 본래 정체가 드러나고, '네 가지 청청하고 밝은 가르침'을 그들은 지키지 못하기 때문이다. 그래서 양심을 저버리고 큰 거짓말을 하는 것이다.

우리는 능엄경과 능엄주에 대하여 매우 분명하게 인식해야 한다. 어떠한 주도 능엄주보다 더 신령스러운 주는 없으며, 능엄경보다 더 진실한 경문은 없다. 온갖 마귀, 귀신들과 모든 중생의 결점을 통렬하게 드러내며, 상세하게 천명하고 있다. 만약 능엄주가 없다면 점차 불법이 사라질 것이며, 능엄경이 없으면 정법이 소멸될 것이다. 여러분은 불법을 보호하기 위해서 반드시 능엄경을 능숙하게 독송할 수 있어야 하고, 언제 어느 곳에서도 외울 수 있고 강의할 수 있어야 비로소 진정한 불제자로서 부끄럽지 않을 것이며, 출가가 헛되지 않을 것이다.

그리고 능엄경을 가짜라고 말하는 어리석은 학자와 교수, 대법사들에게 절대로 현혹되지 말아야 할 것이다. 이는 눈 먼 사람이 눈 먼 사람을 이끄는 것처럼 어리석은 일이다. 그들은 무엇에 근거해서 능엄경을 가짜라고 말하는가? 근본적으로 그들은 두 눈을 부릅뜨고 거짓말을 하는 것이다. 아만심이 높고 삿된 견해를 가지고 있으니, 장래 과보를 받을 때 그 고통을 상상조차 할 수 없을 것이다.

— 1983년 4월 14일 저녁 만불성성에서 법문

## 능엄주의 오대심주五大心呪

츠토니　아쟈라　미리주　보리다라예　닝제리
叱陀你　阿迦囉　密唎柱　般唎怛囉耶　儜揭唎

●

### 1. 츠토니 叱陀你

그들의 주술을 끊고 그물망을 파괴하며
비명횡사하는 것을 없애고 재난과 장애를 소멸하네.
모든 원한으로 인한 괴로운 업을 뽑아 구제하고
청정한 광명과 더욱 길상함을 얻네.

斷他呪術破羅罔
解除橫死消災障
救拔一切冤苦業
淸淨光明更吉祥

하늘의 마귀와 귀신, 괴물들도 자신들의 주술을 가지고 있다. 그러나 당신이 이 주 즉 '츠토니'를 한 번만 송해도 그들의 삿된 주를 파괴할 수 있다. 그런 까닭에 단타주술파라망斷他呪術破羅罔 즉 그들의 주술을 끊고 그물망을 파괴한다고 말한다. 마의 그물망을 깨뜨리고 모든 마왕의 신통을 파괴하는 것이다.

해제횡사소재장解除橫死消災障. 즉 비명횡사하는 것을 없애고 재난과 장애를 소멸한다. 본래 자동차 사고나 비행기 사고 등 각종 사고로 비명횡사할 운명이거나 혹은 수해나 질병, 전란과 같은 큰 난을 겪는 것과 같은 횡액과 재난이 소멸된다. 이 주를 염하면 그런 횡액과 재난을 깨뜨릴 수 있기 때문이다.

구발일체원고업救拔一切冤苦業. 즉 이 주는 원한이 쌓인 업과 온갖 괴로움을 받을 업에서 구제할 수 있고, 청정광명갱길상淸淨光明更吉祥 즉 이 주를 지송하면 청정한 광명과 오묘한 길상함을 얻을 수 있다.

## 2. 아쟈라 阿迦羅

무상의 대비심을 가진 묘법이며
서방 연화부의 모든 선신이네.
더욱 자비심과 희사심을 가지고
묘하게 운용하면 교묘하게 천지조화를 일으키네.
無上大悲心印文
西方蓮華部衆神
更加慈悲兼喜捨
妙運巧奪造化功

'아쟈라'는 바로 위없는 큰 자비의 마음이며, 큰 자비의 주呪이다. 대비심이며, 무상의 대비주이다. 또한 서방에 있는 연화부의 모든 호법 선신이다. 그리고 대자심[慈]과 대비심[悲], 대희심[喜], 대사심[捨]의 네 가지 무량한 마음[四無量心]을 사용해야 한다. 만약 당신이 적합하게 잘 사용하면 천지조화의 공능을 얻게 된다. 그러면 마땅히 죽어야 할 사람이라도 죽지 않게 할 수 있고, 당연히 무너져야 할 사람도 무너지지 않게 할 수 있으며, 여의치 못한 일들이 모두 길상하게 변하게 할 수 있다. '이것이 바로 교묘하게 조화를 빼앗는다[巧奪造化]'는 것이며, 이러한 공용은 매우 묘한 것이다. 따라서 여러분들은 이 다섯 가지 심주는 매우 중요하고 매우 유용하며 능엄주에서 가장 중요한 것임을 알아야 할 것이다.

## 3. 미리주密唎柱

산을 들고 몽둥이를 든 신장들이 허공에 가득하고
동방의 금강장 보살이 마군을 진압하네.
팔만 사천 금강장 보살이 항상 당신을 옹호하여
능히 수행자로 하여금 대정에 들어가게 하네.
擎山持杵遍虛空
東方金剛鎭魔軍
八萬四千常擁護
能使行人入大中

'미리주'를 번역하면 '금강'이라고 하는데, 일백 여덟의 금강 가운데 하나이다. 이것은 동방의 금강부에 속하며, 금강부의 주심呪心이다. 그런 이유로 '경산지저변허공擎山持杵遍虛空'이라고 말하는 것이다. 팔만 사천의 금강장 보살이 산을 들어 올리고 몽둥이를 들고 허공세계에 가득하다는 것이다.

동방금강진마군東方金剛鎭魔軍, 즉 동방의 금강부는 일체의 마귀와 귀신을 진압하고 복종시킨다. 온갖 마귀와 귀신을 진압하면 수행이 쉽게 청정해질 수 있으며, 수행을 하는 것이 용이하다. 그러므로 수행을 할 때는 안으로 공력을 닦고 밖으로 덕을 쌓아야 한다. 팔만사천상옹호八萬四千常擁護, 즉 팔만사천의 금강장 보살이 항상 당신을 보호할 것이다. 능사행인입대중能使行人入大中이라. 그리하여 수행자가 능엄대정楞嚴大定을 얻어 항상 참되고 바른 지혜를 얻게 한다.

츠토니 아쟈라 미리주 보리다라예 닝제리叱陀你 阿迦囉 密唎柱 般唎怛囉耶 儜揭唎의 다섯 구를 오대심주라고 하는데, 이것은 다섯 방향에 계신 부처님의 심주心呪이다. 이 오대심주는 온갖 마귀와 귀신의 모든 주술을 깨뜨린다. 그들이 어떠한 요사스런 술법을 사용하든지 간에 당신이 이 오대심주를 지송하면 그것을 모두 파괴할 수 있다. 인간세상의 마귀와 귀신뿐만 아니라 천상의 마귀와 악신도 파괴할 수 있다. 어떤 마귀나 귀신, 악신을 만나게 되더라도 이 오대심주를 염송하면 그들이 당신의 마음을 어지럽히지 못할 것이고, 그들이 사용하는 어떤 술법도 힘을 잃게 될 것이다. 그렇기 때문에 능엄주에서 이 오대심주가 가장 중요하고, 매우 신령스러운 감응이 있고, 불가사의한 구절이다.

### 4. 보리다라예 般唎怛羅耶

여의보주와 같이 묘하고 불가사의하며
남방의 보생불은 두려움 없는 보시를 행하네.
이 심주를 수지하면 요마들로 하여금 원래의 모습을 드러내게 하고
온갖 도깨비와 괴물을 마치 자석이 철을 빨아들이듯이 꼼짝 못하게 하네.

如意輪寶妙難思
南方化生無畏施
心呪受持原形現
魍魅魍魎鐵吸石

여의륜보묘난사如意輪寶妙難思, 즉 이것은 묘한 보배와 같은 심주이며, 마치 여의보주같이 불가사의하다. 남방화생무외시南方化生無畏施, 즉 남방의 보생부는 변화가 무궁하다. 두려움 없는 보시를 하는데 여의보주如意寶珠처럼 모든 중생에게 두루 베풀 수 있으며, 갖가지 보배창고를 얻게 한다. 심주수지원형현心呪受持原形現, 즉 이 오대심주를 한 번 염하면 어떠한 마귀, 귀신이라도 모두 원래의 모습을 드러나게 하여 당신이 그 정체를 알 수 있게 한다. 이매망량철흡석魑魅魍魎鐵吸石 즉 어떤 도깨비나 괴물이든지 간에 당신이 이 주를 염하면 자석이 철을 빨아들이듯이 그것을 끌어당겨서 변화하지 못하게 묶어버린다.

이것이야말로 참으로 '무상심심미묘법無上甚深微妙法 백천만겁난조우百千萬劫難遭遇 아금문견득수지我今聞見得受持 원해여래진실의願解如來眞實義'인 것이다.

경을 독송하고 주를 지송하는 등 일체의 법문을 수행하는 데는 성실한 마음[誠心]을 가져야 하며, 목욕재계하고 몸과 마음을 청정하게 하고 일체의 망상을 없애고 이 법문을 닦아야 비로소 마치 소리가 되돌아 울리는 것처럼 도道와 감응할 수 있다.

만약 당신이 진실한 마음이 없으면 아무리 영험이 있는 주를 외우더라도 신령하지 못하다. 그러므로 '마음이 참되면 신령하다心誠則靈'고 하는 것이다. 만약 마음이 진실하지 못하면 영험하지 못하다.

무엇을 진실하다[誠]고 하는가? 바로 의심하는 마음이 없는 것이다. 진정으로 주를 믿는 힘은 불가사의하며, 성취하지 못함이 없는 것이다. 당신이 만약 진정한 성심誠心이 있으면 수행은 성취될 수 있으며, 성심이 없으면 성취할 수 없다.

　어떤 사람은 오랫동안 수행했는데도 불구하고 아무런 감응을 얻지 못한다. 그것은 불법이 영험이 없기 때문인가 아니면 경전과 주에 감응하는 힘이 없기 때문인가? 그 어느 쪽도 아니다. 그것은 바로 성심誠心이 없이 대충대충 수행하기 때문이다. 마치 대중을 따라 희희낙락하면서 진실한 마음을 내지 않기 때문이다. 그러므로 우리들은 능엄주를 배움에 있어서 반드시 진실한 마음을 갖춰야 한다. 이것이 가장 중요한 것이다.

**문 ○** 어떻게 주呪를 사용하여 도깨비와 마귀를 다루어야 하는가?
**답 ●** 외도外道들의 여러 가지 술법과 온갖 도깨비, 귀신들이 종종 사람들에게 두통이나 치통을 일으키고 혹은 걷지 못하게 하거나 머리가 어지럽게 하고, 미쳐서 날뛰게 하며, 어지러운 말을 하게 한다. 그런 일이 있을 때 당신이 이 주를 염송하면 그러한 주술을 깨뜨릴 수 있다. 아무 이유 없이 당신에게 그런 도깨비나 귀신을 다루라고 하는 것이 결코 아니다. 매일 당신의 마음 속에 도깨비나 귀신이 있으면, 세상에 없는 도깨비나 귀신도 불러들일 수 있다. 그것은 머리 위에 다시 머리를 얹는 것과 같이 불필요한 것이다.

　어떤 사람이 무슨 문제에 봉착했을 때 당신이 이 주를 사용해서 그런 술법을 깨뜨릴 수 있다고 말하는 것이다. 결코 매일 그들의 술법을 깨뜨리러 다니라고 하는 말이 아니다. 어디에 당신이 매일 깨뜨리고 다닐 만큼 그렇게 많은 마귀나 도깨비가 있을 것인가? 어떤 괴물이든, 무슨 술법이든 막론하고 이 주를 만나면 그들의 기가 모두 흩어질 것이며 도망가게 된다. 당신이 자기 마음 속에 먼저 귀신이나 도깨비를 청하면 당연히 그는 무엇이든 가지고 있을 것이다. 그럴 때 심주心呪가 필요하다. 당신 마음 속에 주呪가 있고, 깨끗하여 아무것도 없으면, 그 주를 사용해야 할 때 자연히 영험이 있을 것이다.

주를 수지하는 것은 귀신이나 도깨비를 항복시키기 위한 것이 결코 아니다. 그것은 마치 대비주大悲呪를 지송하는 것처럼, 오랫동안 염하면 염하지 않아도 저절로 염해지고, 그러면 자연히 주가 당신을 보호하는 힘이 생길 것이다. 심지어 때가 되면 당신이 주를 염송하든 염송하지 않든 간에 감응이 있을 것이다. 당신이 평소에 수행을 열심히 잘 하면, 경계가 올 때 자연히 모든 문제가 순리적으로 쉽게 풀려서 아무 문제도 없게 될 것이다.

## 5. 닝제리 儜揭唎

최상의 작법 금강심으로
이 전륜심주는 북방 성취불의 소관이네.
지혜와 선정을 닦는 데는 계가 근본이며
대원만의 깨달음을 사람과 천상이 우러러보네.

最上作法金剛心
轉輪成就北方尊
智慧正定戒根本
大圓滿覺人天欽

'닝(儜)'²⁾을 번역하면 최상을 뜻하고, '제리揭啼'를 옮기면 '작법作法'이라는 뜻이다. 이것이 최상작법금강심最上作法金剛心이며, 밀주 내의 금강심이다.

전륜성취북방존轉輪成就北方尊이라. '제리'에는 '전륜'이라는 뜻이 있는데, 여기서는 '대륜심주大輪心呪'이다. 이것은 북방 성취부의 성취불成就佛의 소관에 속하는 것이다.

지혜정정계근본智慧正定戒根本이라. 도를 닦는 사람에게는 큰 지혜가 있고, 큰 선정력이 있다. 바른 선정을 얻으려면 반드시 먼저 계행을 지켜야 하는데, 계가 모든 것의 가장 근본적인 기초이다. 만약 계가 없으면 정이 없고, 지혜도 없다.

대원만각인천흠大圓滿覺人天欽이라. 당신이 부처가 되면 크고 원만한 깨달음을 얻게 되며, 온 세상의 사람들과 천신이 모두 당신을 우러르며 공경할 것이다. '츠토니'에서 '닝제리'까지의 오대심주는 매우 오묘하여 이루 말로 다 설명할 수 없을 정도이다.

문 ○ 우리는 능엄주 전체를 다 염해야 합니까, 아니면 이 오대심주를 염해야 합니까?

답 ● 능엄주는 매우 긴 주이다. 하지만 이 능엄주는 구절마다 각각의 용도와 힘을 가지고 있다. 당신이 만약 그 용도와 힘을 안다면 경계가 올 때 몇 구절만 염하면 될 것이다. 그럴 때 능엄주를 처음부터 끝까지 다 염하려면 시간이 오래 걸릴 것이다. 이 오대심주는 마의 그

---

2) 여기서는 모두 중국어 발음대로 읽었다.

물망과 마왕의 주술을 깨뜨릴 수 있다. 마의 그물망 즉 부적과 주술은 당신의 마음에서 바른 생각을 잃게 할 수 있다.

동남아시아 일대에는 사람에게 독기를 넣어 죽이거나, 고독蠱毒에 중독시키는 주술이 있다. 그리고 민간에 퍼져있는 낙강두落降頭라는 삿된 병이 있는데, 오대심주를 사용하면 이러한 것을 모두 파괴할 수 있다. 그리고 능엄경에 마등가녀가 외도의 범천주梵天呪를 발해서 아난 존자를 유혹하는 장면이 나온다. 범천주梵天呪에도 불가사의한 힘이 있다. 그러나 그것은 삿된 법이며 사사롭고 이기적인 주이다. 그렇기 때문에 능엄주로 깨뜨릴 수 있다. 만약 조금도 사사로움이 없거나 자신의 이익을 구하는 마음이 없다면, 그러한 힘은 누구도 파괴할 수 없다. 왜냐하면 그런 것은 바른 것에 속하기 때문이다.

내가 말레이시아에 갔을 때 고독蠱毒에 중독된 지 5, 6년이나 된 어떤 사람을 만났다. 그 사람은 항상 자살하고 싶었고, 늘 다른 사람이 말하는 소리가 들리는 등 비정상적인 삶을 살다가 나를 찾아왔다. 내가 지팡이로 그를 한 번 때리자, 입으로 많은 벌레를 토해내더니, 곧 괜찮아졌다. 이것이 바로 고독蠱毒이다. 왜 지팡이에 한 번 맞는 것으로 좋아졌는가? 지팡이에는 주의 힘이 강력하게 담겨 있었기 때문이다. 덕행을 지녀야 비로소 이러한 술법을 다스릴 수 있다. 만약 당신에게 덕행이 없다면 비록 조그만 영감이 있을지라도 마침내 재난과 근심을 초래할 것이다.

만약 계행이 청정하지 못하고 덕행이 없으면 주를 보호하는 신도 당신을 존경하지 않을 것이다. 비록 한동안 감응이 있을지라도 시간이 지나면 재난과 횡액을 만나거나 생각지도 못한 나쁜 과보를 받을 것이다. 그러므로 어떤 수행법으로 수행하든지 간에 계를 지키고 덕행을 쌓기를 게을리 하지 말아야 한다. 그래야만 비로소 그 법을 사용할 수 있고, 힘이 생겨서 안전해질 것이다. 도와 덕이 없는 사람은 이 주를 사용해서는 안 된다. 그것은 다른 주도 마찬가지다.

이 오대심주는 백천만 겁이 지나도 만나기 어렵고, 설령 백천만 겁 만에 만난다 하더라도 이 주를 이해할 수 없을 것이다. 이 오대심주는 가장 존귀한 주이며, 부처님의 가르침 중에서 가장 유용한 주이다. 하늘의 마왕의 주이든, 외도의 주이든, 귀신의 주이든, 요괴나 도깨비의 주이든 간에 모두 깨뜨릴 수 있으니, 바로 일체의 파괴할 수 없는 주를 깨뜨릴 수 있는 것이다. 하지만 결코 그들을 적대하는 마음을 가져서는 안 된다. 마치 태극권이 부드러운 힘으로 강한 힘을 소멸시키는 것과 같은 것이다. 어떤 주이든 간에 이 오대심주를 사용하면 모두 녹여버릴 수 있다. 그렇다 하더라도 상대를 해쳐서는 안 된다.

이것을 오대심주라고 하는데, 어째서 '심주心呪'라고 하는가? 그것은 바로 자비심으로부터 흘러나오기 때문이다. 그러므로 이 주를 사용할 때는 자비희사慈悲喜捨의 마음으로 일체의 중생을 섭수하여야 한다.

내가 이 주를 염해서 너를 때려죽이고, 너를 없애겠다는 것이 결코 아니고, 다른 주술의 힘을 녹이는 것이고, 융화融化시키는 것이다. 마치 얼음이 햇빛을 만나면 저절로 녹아 물로 변하는 것과 같다. 원래 사악한 주는 진한심嗔恨心이 들어있기 때문에 당신이 능엄주를 염하면 길상하게 변하게 된다. 능엄주의 묘함이 바로 여기에 있다. 능엄주는 상대방을 견딜 수 없게 괴롭히는 것이 아니다. 능엄주는 악한 힘을 녹아 없어지게 하는 것이지, 결코 상대를 해치는 것이 아니다.

주의 힘은 여러 불보살과 주를 송하는 수행자에게서 흘러나오는 자상慈祥한 마음에 있는 것이기 때문에 모든 하늘의 마귀와 귀신, 도깨비를 항복시킬 수 있다.

〔 편집자 주 〕

오대심주五大心呪는 아직까지 어떤 분도 말씀한 적이 없고, 오직 선화 상인의 법문만 있다. 이것은 성철 스님이 말씀하신 비밀수능엄주秘密首楞嚴呪와는 다른 것이다. 비밀수능엄주는 능엄심주楞嚴心呪라고도 하는데, 능엄주의 제일 마지막 결론 부분이 여기에 해당한다. 선화 상인은, 능엄주 전체를 독송하지 못할 경우 이 '오대심주'만이라도 독송하게 하였다. 능엄주는 몇 개의 판본이 전해지고 있고, 성철 스님이 새로 다듬은 능엄주는 기존의 한문본과 약간의 차이가 있다. 서로 대조하면서 해당하는 부분을 찾아보면 이렇다.

(성) 파라비댜　　　체다나카림 두남 타남 사트바남 다마캄 두스다남 니바라남
(범)　　　　　　　chedāni
(중)　　　　　　　츠토니
(한)　　　　　　　叱陀你
〈뜻〉(다른 신들의 주문을) 절단시키고


(성) 아카라므르튜　　　프라사마나카림
(범) akāla-mrityu　　　paritrāyana-kari
(중) 아쟈라　미리주　　보리다라에 닝제리
(한) 阿迦羅　密唎柱　　般唎怛羅耶　儜揭唎
〈뜻〉때 아닌 / 죽음의 횡액을 / 능히 제거할 수 있으며


약호 : (성) - 성철 스님이 새로 다듬은 능엄주
　　　(범) - 산스크리트어 능엄주
　　　(중) - 중국어 발음 능엄주
　　　(한) - 능엄주 한문본
　　　〈뜻〉- 능엄주의 우리말 뜻

## 능엄주 지송하면 금강신장 보호하네

모든 해로움을 타파하여 평안을 얻게 하려고
금강 신장들이 앞 다퉈 달려오네.
갖가지 방법으로 꾸짖으며 요괴를 항복시키고
삿됨을 제거하고 정법을 보호함이 삼천대천세계에 가득하네.

打破諸害保平安
金剛神將各爭先
種種呵責降妖怪
除邪扶正滿大千

타파제해보평안打破諸害保平安, 즉 사람을 해치려는 요사스런 마귀나 귀신들의 모든 해로움을 타파하여 수행자들이 평안을 얻게 하는 것이다.

금강신장각쟁선金剛神將各爭先, 즉 금강신장들이 모든 수행자를 보호하기 위해 앞 다투어 달려오는 것이다. 이것은 우리들이 무슨 일이 있으면 서로 회피하고 책임을 미루는 것과 같지 않다. 금강신장은 옆에 있는 다른 신장에게 네가 가서 보호하라고 말하면서 자신은 책임을 다하지 않는 것이 아니다. 나는 나의 역량을 다 하고 너는 너의 힘을 다 써서 너도 보호하고 나도 보호하자는 것이다.

종종가책항요괴種種呵責降妖怪, 즉 금강신장은 여러 가지 방법으로 요괴를 꾸짖어 항복시킨다. 제사부정만대천除邪扶正滿大千, 즉 금강신장의 종지宗旨는 삿됨을 제거하고 정법을 도와 일으키는 것이다. 이렇게 정법을 보호하여 삼천대천세계 가득히 수행자를 보호하는 것이다. 그러므로 능엄주를 수지하는 사람이 언제 어디에 있든지 간에 팔만사천의 금강장 보살이 보호하러 올 것이며, 일체가 길상하고 마음먹은 대로 될 것이다.

## 능엄주는 무진법장의 지혜광명

저는 지금 대불정수능엄신주에 귀의합니다.
능엄주는 무진법장의 지혜광명이니
묘한 다라니를 이해하고
여래께서 말씀하신 뜻을 받들어 행하기를 원하옵니다.

我今歸命大佛頂
無盡法藏智慧光
願我明了妙總持
奉行如來所說義

아금귀명대불정我今歸命大佛頂, 즉 모든 호법선신들이 "우리는 지금 함께 대불정수능엄신주에 귀의합니다."라고 말하는 것이다.

무진법장지혜광無盡法藏智慧光, 즉 대불정은 바로 다함이 없는 법의 보고寶庫이며 아무리 꺼내 써도 모자라지 않는다. 다하지 않는 무한한 법장은 모두 자신의 성품[自性] 안에 있는 것이다. 그것은 밖에서 오는 것이 아니라, 당신의 자성으로부터 나타나는 것이다.

그렇다면 지금은 왜 드러나지 않는가? 그것은 마치 벌레가 잠복할 때는 움직일 수 없지만 날씨가 따뜻해지면 활발히 움직이는 것과 같다. 수행자가 수행할 때 몸에 열이 나면 자성自性의 벌레가 살아난다. 자성의 벌레가 살아나면 몸에 있는 모든 세균이 전부 죽는다. 그러면 이것은 살생이 아닌가 하고 생각하고 수행을 하지 않을 수도 있다. 당신에게 억지로 수행을 시키는 사람은 없으니, 세상으로 돌아가 가족과 함께 번뇌 속에서 싸워가면서, 무명과 질투와 장애 속에서, 생활할 수도 있다.

그러나 수행을 하려고 한다면 모든 세균을 변화시켜 자기의 불성을 회복해야 한다. 성불하기 전에는 몸에 있는 팔만사천의 벌레가 당신의 성품을 나누고, 당신의 고기를 먹고, 당신의 피를 마시고, 당신의 몸에 머물면서 당신으로 하여금 말을 잘 듣지 않고 소란을 피우게 하며, 계율을 지키지 않게 하며, 전도된 짓을 하게 한다. 이러한 나쁜 것들이 당신을 지배하는 것이다. 당신은 말할 것이다. "원래 이러한 일은 내가 저지른 것이 아니다."라고.

그러면 왜 당신은 그 벌레들을 도와서 조금만 배고파도 안 되고, 조금만 목말라도 안 되고, 조금만 잠이 모자라도 안 되는가? 무엇 때문에 그렇게 벌레들을 보호하는가? 당신은 이렇게 벌레들을 보호하기 때문에 자성이 드러날 수 없는 것이다. 그러면 그러한 벌레들은 도대체 무엇인가? 그것은 어리석음의 벌레로 당신의 몸에서 이렇게 불편하게 하는 것이다. 그렇게 참을 수 없게 하면서 온몸이 불편하여 어떤 때는 이런 병통, 다른 때는 저런 병통을 일으키는데, 그 모든 것이 어리석음의 벌레가 수작을 부리는 것이다. 입는 것이 부족해도 안 되고, 먹는 것이 모자라도 안 된다. 그 벌레가 당신과 싸우기를 좋아하기 때문이다.

다함이 없는 무한한 법장法藏은 모두 대불정大佛頂에서 생겨나는 것이다. 이러한 지혜의 빛은 일반적인 빛이 아니라 지혜의 광명이다. 부처님의 광명은 지혜의 광명이다. 부처님은 왜 광명이 있는가? 왜냐하면 부처님은 어두운 우치愚痴를 원하지 않기 때문에 언제나 지혜의 광명으로써 일체를 비추며, 무명無明을 타파한다. 무명이 타파되면 법성法性이 드러난다. 그러므로 지혜의 광명은 바로 부처님의 광명이다.

원아명료묘총지願我明了妙總持라. 이 대불정 무진법장의 대지혜 광명을 받들어 모시는 것은 무엇 때문인가? 그것은 바로 이 대총지大總持, 즉 능엄다라니를 밝게 이해하기 위해서다. 총지는 다라니로서 다라니를 번역하면 총지라고 하며, 일체의 법을 총괄하고 무량한 뜻을 지닌다는 말이다. 무슨 법이든 모두 그 안에 총섭總攝하며, 모든 법은 모두 이것으로부터 발원한다.

봉행여래소설의奉行如來所說義라. 즉 우리들은 이 대총지를 이해한 후 곧 부처님께서 말씀하신 도리에 따라 공경스럽게 봉행하는 것이다.

## 능엄경의 유래

옛날 인도에서 능엄경은 국보로 보호를 받아 국외로 가지고 나가는 것이 금지되었다. 국경을 나가는 사람들을 모두 엄격하게 조사해서 능엄경이 나라 밖으로 유출되는 것을 막았다. 국경을 통과하는 스님들은 특히 주의하였다. 중국 당나라 시대 때 인도에 반라밀제般剌密諦라는 고승이 계셨는데, 경율론에 모두 통달한 삼장법사였다. 반라밀제 스님은 능엄경을 중국에 가져가서 널리 펼치기 위해 온갖 방법을 다 궁리하였다. 결국에는 팔 안에 감춰 관리를 속여서 통과했고, 마침내 중국 광동성 광주에 도착하였다. 일설에는 두 번이나 실패하고 세 번째로 경전을 몸에 감고 통과했다고 한다.

그 당시 당나라 황제는 측천무후였다. 측천무후의 미움을 받아 조정에서 멀리 쫓겨난 방융房融이 광주 태수로 있었다. 방융은 반라밀제 스님을 초청하여 이 경을 번역하였다. 태수 방융이 직접 문장을 매끄럽게 다듬는 윤필潤筆을 담당하였고, 능엄경의 번역을 완성하여 황제 측천무후에게 바쳤다.

　당시에 대운경大雲經이 위조되었던 큰 사건이 있었기 때문에 황제 측천무후는 능엄경을 궁중에 보관하고는 유통시키지 않았다. 나중에 선종의 5조 홍인 대사의 상수제자인 신수 선사神秀禪師가 국사國師가 되어 궁중에서 공양을 받게 되었다. 어느 날 이 능엄경을 발견하고 읽어 보니 선종禪宗에 큰 가치가 있음을 알고 세상에 유통시켜서, 비로소 중국에서 이 경이 널리 알려졌다. 전하는 바에 따르면, 능엄경은 가장 마지막에 중국에 와서 말법시대가 되면 가장 먼저 없어진다고 하였다. 다른 경전들도 점점 없어지고, 최후에는 무량수경無量壽經만 100년 정도 세상에 남는다고 한다.

　불교에서 모든 경전이 다 중요하지만 유독 능엄경은 더욱 중요하다. 능엄경이 있는 곳에 정법이 머문다고 한다. 능엄경이 사라지면 말법시대가 온 것이므로 모든 불자들은 반드시 노력을 다하여 힘써 이 경을 옹호해야 할 것이다.

# 능엄경을 설한 인연

석가모니 부처님께서는 49년 동안 법을 설하셨는데, 300여 차례나 경을 설하시면서 중생을 위하여 법을 설하시고 중생을 교화하셨다. 부처님께서 설하신 법을 요약해 보면 일대시교一代時教를 대략적으로 설하신 것이다. 대불정여래밀인수증요의제보살만행수능엄경大佛頂如來密因修證了義諸菩薩萬行首楞嚴經[3]을 설하신 인연을 살펴보면 여섯 가지가 있다.

## 1.

첫 번째는 다문多聞에 의지하고 선정력을 소홀히 하기 때문이다[恃多聞忽定力].

시恃라는 것은 의지한다는 말이다. 무엇에 의지한다는 것인가?

---

3 ) 능엄경의 원래 이름이다

많이 듣는 것[多聞]에 의지한다는 것이다. 어떤 것을 다문多聞이라 하는가? 다문은 바로 책을 많이 보고, 일을 많이 안다는 것이다. 마치 아난 존자에게 다문의 능력이 있는 것과 같은 것이다. 존자는 부처님을 몇 십 년 동안 모시면서 법회에서 하신 법문마다 모두 기억하였고, 한 번 들은 후에는 영원히 잊지 않을 정도로 기억력이 비상하였는데, 이것이 바로 다문이다. 또한 널리 듣고 억지로 기억하는 것[博聞强記]이라고도 한다. 아난 존자가 기억한 것은 억지로 기억할 필요가 없이 저절로 기억한 것이다. 만약 당신이 널리 듣는다는 것은 보는 책이 매우 많다는 것이며, 억지로 기억한다는 것은 마음을 써서 책에서 이야기하는 도리를 기억한다는 것이다.

기억하는 도리가 많으면 그는 의지하는 것이 생기게 된다. "나를 봐! 나는 당신들이 아는 것보다 훨씬 많아." 이렇게 의지한다는 것이다. "나는 배운 것이 많아. 과학, 철학, 문학에서 전부 박사학위를 땄어. 나를 봐! 나는 박사학위가 많아." 보라. 바로 이렇게 의지하는 것이 다문에 의지하는 것이다.

'선정력을 소홀히 한다'는 것은 무엇인가? '그래 문제없어. 괜찮아. 나는 아는 것이 많고 지혜가 있으면 됐어. 선정력 그거 관계없어. 정定에서 지혜가 생기는 법이야. 나는 이미 지혜가 있어.' 이렇게 생각하고 선정을 닦는 것을 잊게 되는 것이다. 마치 아난 존자와 같이.

이 경은 석가모니 부처님께서 아난 존자를 위하여 설하셨다고 하는데, 왜 아난 존자를 위하여 설하신 것인가? 그것은 바로 아난 존자에게 선정력이 없었기 때문이다. 왜 선정력이 없었는가? 존자는 평소 노력하지 않고 오로지 글을 쓰고 책을 보면서 좌선하지 않고 참선하지 않은 것이다. 남들은 좌선하러 가는데 그는 책을 보러 가는 것이다. 이렇게 그는 선정을 소홀히 한 것이다.

이 자리에 있는 하계연수반은 참으로 뛰어난 일을 하고 있다. 좌선하면서 경을 듣는 것이다. 좌선은 바로 실행하는 것이고 경을 듣는 것은 이해하는 것이며 명백히 알려는 것이다. 이것은 해와 행이 함께 나아가는 것[解行并進]이며, 행과 해가 서로 상응하는 것[行解相應]이다. 이해한 후에 행하는 것이고 열심히 수행하는 것이다. 노력해야 깨달음을 열 수 있다. 나는 이번 하계연수 기간 최소한 열 명 이상이 깨닫기를 바란다. 그래야 나의 원을 만족하는 것이다. 만약 한두 명이라면 이 시간의 대가로 부족하다.

따라서 나는 여러분 개개인이 모두 일을 신중하게 하고 이 공부를 다잡기를 바라며, 다문에 의지하지 말고 선정력을 소홀하게 여기지 말기를 바란다. 우리들은 선정력을 중시하면서 또한 다문도 중시해야 한다. 우리들은 많이 배워야 하며 선정을 많이 닦아야 한다. 이것이 두 가지를 병행한다는 것이다.

우리들이 이 두 가지를 힘써 닦는 것은 불가사의하며 수승한 경계이다. 따라서 이 법회는 매우 만나기 어려운 것이며, 여러분들이 만약 깨닫는다면 비로소 이 법회가 헛되지 않을 것이다. 또한 여러분도 헛된 고생을 하지 않은 것이고 나도 헛고생을 하지 않은 것이니 우리 모두가 크게 기쁠 것이다.

그래서 여러분에게 날마다 자신의 생각이나 느낌을 적어서 제출하게 하는 것이다. 여러분이 좌선을 하면서 어떤 느낌이 들었는지, 또한 경을 들으면서 무슨 생각이 들었는지 적어서 알리게 하고, 이와 함께 그날 배운 도리를 기록하게 한 것이다. 이러한 법회는 매우 희유한 것이다. 우리들은 말법시대에서 이렇게 용맹정진하고 있다. 이른 아침부터 밤 늦게까지 정진하며 불법을 배우는 것, 이것이 바로 다문에 의지하지 않고 선정을 소홀히 하지 않는 것이다. 또한 다문을 배우는 것이며 선정을 닦는 것으로 매우 얻기 어려운 기회다.

능엄경은 부처님께서 아난 존자를 위해 능엄주를 설하여 아난을 구제하신 내용이다. 무엇 때문에 아난 존자를 구제하셨는가? 그것은 바로 아난 존자가 문자반야文字般若를 배우는 데만 치중하고 실상반야實相般若를 닦지 않았기 때문이다. 존자는 문자반야에 치중하면 깨달을 수 있고 성불할 수 있다고 생각하였다. 그리고 존자는 의지하는 것이 있었다. 무엇에 의지했는가? '나는 부처님의 사촌동생이고, 부처님께서는 이미 성불하셨으니 반드시 나를 도와 성불하게 하실 것'이라고 생각하고 수행하지 않아도 아무 문제가 없다고 생각하였다. 이러한 생각을 가지고 선정을 소홀히 대한 것이다. 그래서 좌선하지 않고 참선하지 않고 노력하지 않고 오로지 문자반야를 닦은 것이다. 이렇게 하면서 존자는 많은 시간을 보냈다.

능엄경에 의하면, 어느 날 아난 존자가 혼자 걸식을 나갔다. 걸식은 발우를 들고 마을에 가서 탁발하여 밥을 얻어와서 먹는 것이다. 그런데 존자가 탁발하다가 마등가摩登伽라는 여자를 만났다. 마등가의 모친은 외도外道로서 외도의 법을 닦아왔다. 외도들에게도 자신들만의 주술呪術이 있었고 법력이 있었다. 마등가의 모친의 법력도 매우 힘이 있었다. 마등가는 아난 존자를 한 번 보고는 원만하고 준수한 모습에 반했다. 하지만 그녀가 아무리 존자를 사모하여도 존자에게 다가

갈 방법이 없었다. 그녀는 집에 돌아와 어머니를 졸랐다. "어머니, 반드시 아난을 데려와서 나하고 결혼하게 해 줘요. 만약 그렇게 못한다면 나는 죽어버릴 거야. 살고 싶지 않아."

그녀의 어머니는 가장 사랑하는 딸을 위하여 외도의 주술인 선범천주先梵天呪를 사용하였다. 이 주를 외워서 주의 힘으로 아난을 미혹시켰다. 어떻게 미혹하였는가? 아난 존자는 자기 자신을 마음대로 주체할 수 없었다. 선정력이 없었기 때문에 자신을 주체할 수 없었던 것이다. 그래서 그녀의 주력에 이끌려 그녀의 집으로 가서 파계하게 될 지경에 이르렀다. 어떤 계를 깨는 것인가? 살생, 도둑질, 사음, 거짓말, 술 마시는 것을 금하는 것을 오계라고 하는데, 그중에서도 음계를 깨려고 하는 것이다.

아난 존자가 이 계를 깨려고 하는 순간 부처님께서 아셨다. 사촌 동생인 아난 존자가 어려움에 처한 것을 알게 된 부처님께서는 재빨리 능엄주를 설하셨다.

능엄주를 설하여 외도의 선범천주先梵天呪의 힘을 깨뜨렸다. 능엄주의 힘으로 아난 존자를 미망에서 깨어나게 한 것이다. 아난 존자는 마치 술에 취하거나 독한 약을 먹은 것처럼 아무것도 알지 못하였다. 그러나 능엄주를 외우자 곧 알아차리게 되었다. 자기가 어떻게 이곳까지 오게 되었는지!

아난은 돌아와서 부처님을 향하여 눈물을 흘리고 통곡하면서 말하기를, "저는 줄곧 많이 듣기만 하고 아직 도력道力을 닦지 못했습니다." 여기서 도력이란 바로 선정력禪定力을 가리킨다. "저는 선정력이 없으니, 부처님이시여, 저에게 알려주십시오. 시방의 모든 부처님들이 어떠한 수행을 하여 이와 같은 선정력을 얻게 되셨습니까?"

아난 존자는 다문을 의지하고 선정력을 소홀히 한 것이다. 그래서 부처님께서 아난 존자의 이러한 미혹함을 깨뜨려서 존자를 구하신 다음 이 능엄경을 설하셨다. 아난 존자는 이러한 일이 있은 후 비로소 발심 수행하게 된 것이다. 따라서 '다문에 의지하고 선정력을 소홀히 한 것'이 첫 번째 인연이다.

## 2.

두 번째는 날뛰는 지혜를 경계하고, 삿된 생각을 막는 것이다[警狂慧 護邪思].

경警은 경계하고 경고하는 것이다. 무엇을 경고하는가? 날뛰는 지혜를 가진 사람에게 경고하는 것이다. 어떠한 것을 날뛰는 지혜라고 하는가? 이런 사람은 태어날 때부터 매우 총명하지만 바른 길을 힘쓰지 않으며 오로지 정당하지 못한 일만 생각하고 이러한 지혜로 남을 해치는 일을 저지른다. 이것을 삿된 생각이라고 한다. 그는 삿된 생각을 가지고 있으면서 이런 생각을 감추고 보호하며 도리어 정확한 것이라고 생각한다.

따라서 이 경은 날뛰는 지혜를 가진 사람이 자신의 정당하지 못한 사상을 지키고 보호하는 것을 경고하는 것이다. 삿된 생각을 보호한다는 것은 날뛰는 지혜를 가진 사람이 자기의 단점을 보호한다는 것이다. 그의 이러한 삿된 생각은 자기 스스로는 삿된 생각이 아니라고 생각하는 것이다. 나는 정당하다고 말한다. 이 세계에는 총명하지만 도리어 총명으로 인해 그르치는 사람이 많고, 총명함으로 힘써 어리석은 일을 저지른다.

　　능엄경은 이러한 사람이 삿된 생각을 보호하지 못하도록 경고하고, 허물을 뉘우쳐 새로운 사람이 되어 자기가 옳다고 생각하지 않기를 바라는 것이다. 이것이 날뛰는 지혜를 경계하고, 삿된 생각을 막는 것이다[警狂慧 護邪思]. 세간에는 총명한 사람이 많이 있지만 그들이 저지르는 일은 모두 정당하지 못한 것이다. 이것을 날뛰는 지혜라고 한다. 따라서 능엄경은 날뛰는 지혜를 가진 사람을 바로 잡아 바른 길에 들도록 하며, 바른 생각, 정당한 사상으로 돌아오게 하는 것이다.

## 3.

세 번째는 참된 마음을 가리키고 근본의 성품을 드러내는 것이다[指眞心 顯根性].

　　능엄경은 직지인심直指人心, 견성성불見性成佛의 경이다. 사람의 어떤 마음을 바로 가리키는가? 사람의 참된 마음을 가리킨다. 사람의 참된 마음은 어떤 것인가? 당신은 사람의 참된 마음을 볼 수 없다. "나에게 마음이 있는데 나는 그 마음을 볼 수 있다."고 한다면, 당신이 볼 수 있는 그 마음은 어떤 모습인가? "내 몸 속에 마치 거꾸로 건 연꽃 모습과 같은 마음이 있다는 것을 안다."고 대답한다면 그것은 당신의 참 마음이 아니다. 그것은 단지 당신의 육단심[肉團心4)]이다.

---

4 ) 사심(四心)의 하나. 심장을 말함. 육단심(肉團心), 연려심(緣慮心), 집기심(集起心), 견실심(堅實心)이 사심이다.

이 육단심은 결코 무슨 작용을 가지는 것이 아니고 단지 당신의 생명을 유지하여 생존하게 할 따름이니, 그것은 결코 당신을 지배할 수 있는 것이 아니며, 당신으로 하여금 모든 마음을 진정으로 알 수 있게 하는 것이 아니다. 무엇 때문인가? 만약 이 마음이 당신의 참마음이라면 당신이 죽어도 이 마음은 없어지지 않을 것이다. 이 사람은 여전히 여기에 있을 것이며, 이 마음은 여전히 당신의 뱃속에 있을 것이기 때문에 어째서 그것은 당신을 지배할 수 없는가? 매우 명백하게 이 육단심은 당신의 진심이 아니기 때문이다.

그러면 참마음[眞心]은 당신이 본래 가지고 있는 불성佛性이기 때문에 당신의 근본 성품을 드러내는 것이다. 본래 가지고 있는 불성은 어디에 있는가? 본래 가지고 있는 불성은 바로 당신 자신 속에 있다. 밖에도 있지 않고 안에도 있지 않고 중간에도 있지 않다. 능엄경에 상세하게 설명되어 있으니 잘 살펴보면 이러한 도리를 이해할 수 있을 것이다. 그러므로 열 번 명백하게 보면 이 성품을 보게 될 것이다. 이 성품이 비로소 당신의 참마음이다.

능엄경은 바로 성품을 보는 것[見性]에 대하여 해설하고 있다. 따라서 이 경의 인연은 우리들 각자의 상주하는 참마음[常住眞心], 정명한 성품의 체[性淨明體]를 명확하게 가리켜주는 것이다. 상주하는 참마음은 가지도 않고 오지도 않으며, 움직이지도 않고 변하지도 않는 것으로 그것은 변화가 없는 것이다. 따라서 이것이 항상 머무는 참마음[常住眞心]이다. 정명한 성품의 체[性淨明體]는 오염되지 않은 것이다. 따라서 이것은 우리들 각자의 본래 가지고 있는 참마음을 가리키며, 이 근본 성품을 드러내는 것이다. 이것이 세 번째의 인연이다.

## 4.

네 번째는 성품의 정定을 나타내고 진실한 증득을 권하는 것이다[示性定 勸實證].

성품의 정定을 닦는 수행법은 여러 가지가 있다. 외도도 자신들의 정이 있으며 그들도 선정을 닦는다. 하지만 이 선정도 천차만별이다. 따라서 반드시 바른 선정을 닦아야 하며, 삿된 선정을 닦아서는 안 된다. 외도와 소승이 닦는 선정은 일종의 삿된 선정이며 바른 선정이 아니다. 바른 선정이 아니기 때문에 아무리 닦아도 성스러운 과를 이루지 못하는 것이다. 왜 성스러운 과를 이룰 수 없다고 하는가? 성품의 정[性定]이 아니고 삿된 정[邪定]이기 때문이다. 무엇을 성품의 정[性定]이라고 하는가? 이 성품의 정은, 내가 말하는 이 두 구의 말은 매우 중요한 것이니, 여러분은 마땅히 기록해 두어야 할 것이다. 무슨 말이냐 하면,

성품의 선정력으로 마를 조복하면 나날이 즐겁고
허망한 생각 일어나지 않으면 곳곳이 편안하네.
性定魔伏朝朝樂
妄念不起處處安

우리들이 수행을 하는데 왜 마의 장애가 있고, 업의 장애가 나타나는가? 그것은 우리들의 성품에 아직 정이 없기 때문이다. 성품이 만약 고요하게 정하다면 어떠한 마도 모두 항복할 것이다. 당신은 왜 이러한 모든 마를 굴복시킬 수 없는가? 그것은 당신의 성품에 고요한 선정

이 없기 때문이다.

　마가 일어나는 데는 여러 종류가 있다. 능엄경에서는 오십 가지의 음마陰魔를 설명하고 있는데, 사실 마의 종류는 무수하게 많다. 크게 보면, 천마天魔, 지마地魔, 인마人魔, 귀마鬼魔, 요마妖魔가 있다.

　천마天魔는 천상의 마왕인데, 당신의 선정을 어지럽힌다. 지마地魔는 지상에 거주하는 마이고, 사람의 마도 있는데 그것들도 역시 당신의 선정을 어지럽힌다. 또 귀신의 마도 당신의 선정을 어지럽히며, 요괴의 마도 와서 당신의 선정을 어지럽힌다. 무엇 때문에 이러한 마들이 당신의 선정을 어지럽게 하려고 하는가?

　왜냐하면 우리들이 부처님에게 귀의하기 전에는 모두 마왕과 한 가족이었고 같은 권속이었기 때문이다. 그런데 당신이 지금 그들과 분가하려고 하는 것이다. 선정을 닦아서 생사를 끝내고 윤회에서 벗어나려는 것이 바로 그들과 분가하는 것이다. 그러나 마왕은 당신에 대한 애착을 끊지 못하고 당신을 떠나보내지 않으려는 것이다. 그래서 마가 와서 당신의 정신을 어지럽힌다.

　만약 당신에게 선정력이 없으면 마의 경계에 끄달려서 마와 함께 가게 된다. 그러나 선정력이 있으면 여여부동如如不動하고 항상 밝게 깨어있어[了了常明] 마를 따라가지 않을 것이다. 여여부동한 이것이 바로 선정의 힘이고, 항상 밝게 깨어있는 것이 바로 지혜의 힘이다. 당신에게 정과 혜의 힘이 있으면 어떤 마가 오더라도 당신을 움직이지 못할 것이다. 만약 당신에게 선정의 힘도 없고 지혜의 힘도 없으면 마와 함께 달아날 것이다. 어디로 달아나겠는가? 마의 고향으로 달아나서 마의 아들, 마의 손자가 될 것이며, 돌고 돌면서 생사의 세계에서 윤회할 것이다. 따라서 이것은 매우 위험한 것이다.

　　외도도 선정을 닦지만, 성품의 정은 알지 못하기 때문에 지엽적인 데서 시작하고 이 몸뚱이 상에서 공부한다. 처음부터 이 식 즉 심의식心意識을 자신의 참마음이라고 여기기 때문에 잘못 닦는 것이다. 당신이 도를 닦을 때 조금이라도 적멸한 경계가 나타나게 되지만, 그 경계는 모두 실재하는 것이 아니다. 실재하지 않는다는 것은 마치 돌멩이가 풀을 누르고 있으면 잠시 동안 자라지 못하지만, 돌멩이를 치우면 여전히 풀이 잘 자라는 것과 같다. 그들 외도와 소승이 강제적인 방법을 사용해서 망상이 일어나지 못하게 한 것은 마치 돌멩이가 풀을 누르고 있는 것과 같다. 이것은 완전하고 철저한 방법이 아니기 때문에 생사를 마칠 수 없으며, 망상의 뿌리를 자르지 못하기 때문에 윤회에서 벗어날 수 없다.

　　선종禪宗에서는 "염불하는 자가 누구인가?"와 같은 화두를 참구하여 깨닫게 한다. 이러한 화두가 바로 일체의 법을 쓸어 없애고 일체의 상을 떠나게 하는 것이다. 염불하는 자가 "누구인가"를 찾는 것은 이 망상의 뿌리를 철저하게 잘라내는 것이다.

　　어느 날 당신은 확철히 깨닫게 될 것이며, 활연히 관통할 것이다. 확철히 깨달은 후에 당신은 비로소 콧구멍이 위로 뚫렸는지, 아래로 뚫렸는지 알게 될 것이다. 지금 당신은 콧구멍이 위로 뚫렸는지, 아래로 뚫렸는지 알지 못한다. 당신이 만약 콧구멍이 위로 뚫렸는지, 아래로 뚫렸는지 알게 된다면 그것은 깨달을 방법이 생긴 것이다. 콧구멍이 위로 뚫렸는지, 아래로 뚫렸는지의 문제는 당신이 깨달아야 비로소 알 수 있는 것이다.

부처님 당시 인도에는 외도들이 많이 있었는데 그들은 깨달음을 이야기하지 않고 무엇을 배웠는가? 소를 배우고 개를 배운 것이다. 왜 소를 배우고 개를 배웠는가? 왜냐하면 그 외도들이 가끔 선정에 들어서 소가 천상에 태어나는 것을 보고는 '아! 소가 하늘에 태어났구나. 나는 소의 행동을 배워야지.' 하고 생각하게 되었다. 그래서 소가 풀을 먹고 잠자는 모양을 배우며, 집 밖에 있는 외양간에서 살게 되었다. 그곳에 머물면서 당연히 소가 잠자는 모습을 배우곤 하였다. 잠이 오지 않으면 선정도 조금 닦았지만 결과적으로 그들은 성공하지 못하였다. 이것도 일종의 삿된 선정이다.

또 어떤 외도는 꿈을 꾸었는데 꿈에 개가 하늘에 태어나는 것을 보았다. 그래서 그는 '개의 모습으로 하늘에 태어나는구나. 나는 개를 배워야겠군.' 하고 생각하였다. 그는 개가 집 지키는 것을 배우고 개가 음식을 먹는 것을 배우는 등 모든 행동에서 개를 모방하면서 배운 것이다. 이것은 모두 일종의 외도법을 닦는 것이다. 개가 먹지 않는 것은 그도 먹지 않고, 소가 먹지 않는 것은 그도 먹지 않았다. 결과적으로 그들은 어느 누구도 성공하지 못하였다.

또 오래 수행한 어떤 사람은 외도법을 닦는데, 무상정無想定을 닦았다. 무상정은 아무것도 생각하지 않는 것이다. 그는 망상을 지어도 망상을 짓지 않는 것으로 생각하고, 아무것도 생각하지 않으면서 단지 왔다 갔다 하면서 무상천에 태어나려고 생각하였다. 결과는 어떠한가? 무상천에 태어난다고 해도 그 후에 인간세상에 다시 떨어진다. 그러므로 이 모든 것이 삿된 선정이다. 삿된 선정은 바로 외도의 법을 닦는 것이다. 완전하지 못한 외도의 법문은 처음부터 배워서는 안 되는 것이다.

그러나 당신이 자기의 성품으로부터 자성을 닦는다면 이것은 근본으로부터 시작하는 것이다. 당신이 망상심으로 불법을 닦는다면 아무리 열심히 수행해도 마치 모래를 쪄서 밥을 만들려고 하는 것과 같아서 항하사 겁을 수행해도 생사의 윤회에서 벗어나기 어렵다. 당신이 항하사 겁의 그렇게 오랜 세월을 수행해도 성불할 수 없을 것이다.

그러므로 수행은 반드시 진정한 밝은 스승을 만나야 하며, 그래야 비로소 진정한 선정력을 얻을 수 있다. 그런데 당신이 진정으로 선정을 얻으려고 하면 반드시 마의 장애가 있게 된다고 말하였다. 그렇다. 갖가지 마가 생기게 된다. 어떤 것은 바깥에서 오기도 하지만, 스스로의 마음에서 생기는 마도 있다. 자기 마음 속의 마[自心魔]가 가장 조복받기 어렵다. 밖에서 온 마는 항복받기 쉽지만, 자신의 마음 속에서 나온 마는 항복받기 쉽지 않다. 가장 항복받기 어려운 마가 있는데, 어떤 마일까? 그것은 병의 마[病魔]이다.

내가 젊을 때 불법을 닦으면서 나 스스로를 대단하다고 여기면서 매우 자만해서 아무 말이나 함부로 하였다. 무슨 말을 함부로 하였는가? 보통사람들은 모두 마가 두렵다고 하는데, 나는 오히려 "마가 나를 겁낸다."는 말을 하고 다녔다. 생각해 보라. 이 얼마나 함부로 지껄인 말인지. 천마, 지마, 귀신마, 인마 등 어떠한 마를 불문하고 나는 겁이 나지 않는다고 말했다. 그런 말을 하고 나서 내가 어떻게 되었겠는가.

곧 바로 마가 나를 찾아왔다. 어떤 마가 왔는지 아는가? 병마[病魔]가 온 것이다. 병마가 오자 어떻게 되었겠는가? 이번에는 나도 마가 겁이 났다. 마가 나를 두려워한 것이 아니라 내가 이 병의 마를 두려워하게 되었다. 병이 일단 오자 마치 족쇄를 찬 것처럼 행동도 부자유스럽고 몸이 말을 듣지 않았다. 하루 종일 침대에 누워 물도 못 마시고 밥도 못 먹었다. 그제서야 내가 말을 잘못했다고 생각했다. '지금 병마가 나를 찾아왔는데 전혀 저항할 수 없구나.' 그때가 내 나이 대략 17,8세 때였다.

    이 병의 상태가 어떠했느냐 하면 아무것도 모르고 숨만 한 가닥 붙어있고 곧 죽을 것만 같았다. 그러나 죽으려 해도 죽지 못하고 있을 때 다른 경계가 생겨났다. 무슨 경계였는가? 동북 지방에 왕 씨 성을 가진 효자가 세 분 있었는데, 그 중 두 분은 출가수행자였고, 한 분은 재가수행자였다. 출가한 두 분 중 한 분은 도교의 수행자였고, 다른 한 분은 불가에 귀의한 스님이었다. 그리고 출가하지 않은 분은 나이가 많은 노인이었는데, 그 세 분이 함께 나를 찾아오셔서 데리고 가는 것이었다. 나를 밖으로 데리고 나가 그들과 함께 놀았다. 나는 그분들을 따라 나갔는데, 매우 이상한 일이 생겼다.

    문을 나가서 걸으려고 하는데 발이 땅에 닿지 않았다. 비행기를 탄 것도 아니고 구름을 탄 것도 아니었는데, 허공에서 달리는 것이었다. 걸을 때도 집의 꼭대기에서부터 걸었는데, 아래를 보니 집들이 매우 작게 보였고, 많은 사람들이 보였다. 어디로 갔는가? 많은 절과 명산대천을 다녔다. 중국의 오대산, 아미산, 구화산과 보타산 등 사대성지를 모두 돌아보았다. 가는 곳마다 많은 사람들이 보였으며 많은 절들을 보았다. 중국뿐만 아니라 외국의 여러 곳에도 가보았다. 머리가 흰 사람, 눈썹이 흰 사람, 푸른 눈의 외국인 등 많은 사람들을 보았다. 마치 영화를 보는 것과 같았다. 한 장면을 보면 다시 한 장면이 오곤 하였다. 나는 그 세 분과 함께 세상의 곳곳을 보고 돌아왔다.

내 방으로 돌아와 보니 그곳에 또 다른 내가 있는 것이 아닌가? 또 다른 내가 있다는 것을 느끼면서, 두 개의 내가 다시 하나로 합쳐지는 것이었다. 하나로 변하자 곧 호흡을 하면서 움직이게 되었다. 당시 나의 부친이 내 곁에 있었고 모친도 옆에 있다가 나를 보고 말하였다. "죽지 않고 살아났어." 그러자 내가 병이 들었다는 것이 생각났다. 내가 이미 7, 8일 동안 말도 못하고 인사불성이 되어 누워있다가 이제야 정신을 차리고 일어났다고 부모님이 말씀하셨다.

이런 일을 겪고 난 후 살아도 죽은 사람으로 변했다. 나는 스스로 내가 이미 죽었다가 지금 다시 태어난 사람이라고 생각하였다. 그 이후 나는 이전처럼 그렇게 날뛰지 않고 "나는 마가 두렵지 않고 마가 나를 겁낸다."는 등의 허튼 소리를 하지 않게 되었다. 여러분도 이런 말은 함부로 하지 말아야 한다. "나는 아무것도 두렵지 않아!" 이런 말은 하면 안 된다. 당신이 아무것도 두렵지 않다고 하면 앞으로 두려운 일이 생길 것이다. 그러면 "나는 모든 게 겁나!" 이렇게 말하는 것도 맞지 않다. 결론적으로, 이런 말은 하지 말아야 한다. 이런 말은 아무 쓸데가 없는 말이다.

그 당시에 또 하나 이상한 일이 있었다. 그때 나는 수행을 하면서 나 스스로 공부가 좀 되었다고 생각했다. 내가 동북지방에 있을 때 아직 병이 나기 전에 도덕회道德會에서 일했다. 도덕회에서 무슨 일을 하였는가? 도덕을 강의하고 인의仁義를 말하면서 사람들에게 선행을 하라고 권하였다. 남들에게 착한 일 하기를 권하면서 나 자신도 좋은 일을 하였다. 그때 책에서 장아헌張雅軒이라는 사람의 선행 이야기를 보았다. 그래서 나는 원을 발했다. 무슨 원을 발하였는가? 나는 하늘을 향하여 "하늘이시여, 하늘이시여, 장아헌의 이 일을 저는 반드시 배우겠습니다." 말을 마친 후 곧 후회했다. '내가 그를 배워 무슨 소용이 있는가?' 이 말을 한 후 어떻게 되었는가 생각해보라. 정말 이상하게도 그날 저녁에 마의 시험을 만나게 되었다. 마가 와서 나를 시험한 것이다. 내가 장아헌을 본받을 수 있는지 없는지를 말이다. 이때 나는 사람이 원력을 세우면 아무도 모르게 보살께서 시험한다는 것을 알게 되었다. 그러니 함부로 자만에 가득 찬 말을 해서는 안 된다. 누구든지 "나는 이것이 좋다."거나 "나는 이것이 싫다."는 말을 해서도 안 될 것이다. 의미가 없는 말은 해서는 안 된다는 것이다.

그러면 어떻게 해야 하는가? 일심으로 도를 닦는 것이다. 이 성품의 정을 닦으면서 실제로 증득해야 하는 것이다. 실제로 증득한다는 것은 허망한 것이 아니다. 이것은 허망한 것과는 같지 않다. 허망한 것은 이런 것이다. 당신이 망상을 지으면서 생각하기를 '아, 나는 성불했어!' 그래서 좌선 중에 스스로 자신의 몸을 부처님의 모습처럼 느끼고 방광하며 땅이 진동한다고 느낀다. 사실 이런 일은 없는 것이며 허망한 것이다. 또 이것은 과果를 증득한 경계가 아니다. 어떤 때는 또 '나는 이번 좌선에서 부처님께서 오셔서 나에게 수기를 주시는 것을 보았어.'라고 망상을 한다. 그러나 이것도 실재하는 것이 아니며, 이런 것은 모두 허망한 것이고, 과를 증득한 것이 아니다.

우리들이 지금 열심히 수도하는 과정에서 긴요한 관문을 만날 때마다 마의 시험이 있을 것이다. 당신의 공부가 아직 현전하지 않을 때,

어떤 진보가 없을 때는 마의 시험도 없을 것이다. 당신이 조금 공부가 되면 곧 마의 시험이 따라올 것이다. 마의 시험이 왔을 때 만약 당신이 알아차리지 못하면, 마를 따라 마의 권속으로 들어가게 될 것이다.

그러므로 당신이 만약 실증實證을 구하려면 반드시 성품의 정을 닦아야 할 것이다. 당신이 성품의 정을 닦아 공부가 있게 되면 당신의 성품은 요동하지 않을 것이며, 선정력이 생기게 된다. 그때가 되어야 당신이 증득한 과도 자연히 진실한 것이 된다. 만약 당신이 마에 의해서 움직인다면, 진정한 정이 아니고 외도의 삿된 정으로 변하게 된다. 외도의 삿된 정으로는 불과佛果를 증득할 수 없다.

앞에서 외도들이 소가 하늘에 태어나는 것을 보고 소를 배우고, 개가 하늘에 태어나는 것을 보고 개를 배웠다고 하였다. 그런데 소가 어떻게 하늘에 태어날 수 있는가? 개가 어떻게 하늘에 태어날 수 있는가? 이 소는 전생에 십선十善을 닦았으나 십선을 닦기 전에 많은 나쁜 일을 저질렀기 때문에 그 과보로 소의 몸으로 떨어진 것이다. 소의 과보를 다 받은 후에는 전생에 지은 열 가지 선행 때문에 마땅히 하늘에 난 것이다. 개도 또한 이와 같은 것이다. 따라서 외도는 소의 전생을 알지 못하고, 단지 현생만 보고 소가 하늘에 태어났다고 생각한 것이다. 그래서 그는 맹목적으로 소와 개의 행위를 배운 것이며 결과적으로 성취한 게 아무것도 없었으며, 실증을 얻지 못하고 진정한 이익을 얻지 못한 것이다.

이러한 실증은 바로 실제적인 증득을 말한다. 무엇을 증득하는가? 자기가 본래 가지고 있는 지혜, 본래 가지고 있는 선정력을 증득하는 것이다. 소위 정혜원명定慧圓明이라고 하는데, 정은 혜를 돕고, 혜도 정을 도와, 상호 원융무애圓融無礙하게 되며, 참된 적멸의 이체理體를 증득하고, 자기의 참마음을 얻게 되는 것이다. 이것이 실증을 이야기한 것이다.

## 5.

다섯째는 전도된 생각을 없애고 미세한 번뇌를 제거하는 것이다[銷倒想除細惑].

무엇을 전도된 생각이라고 하는가? "당신은 정말 전도되었군요."라고 할 때 이것은 그 사람이 전도된 것이 아니라 그의 생각이 전도되었다는 말이다. 따라서 아난 존자가 마등가의 집에서 부처님 계신 곳으로 돌아왔을 때 곧 부처님께 정례하며 머리를 조아리며 말하였다.

"묘담총지부동존妙湛總持不動尊" 총지는 다라니를 말한다. 부동존은 능엄정을 표현하는 것으로 이 정을 부동존이라고 말한다. 묘담총지부동존은 합해서 말하면 석가모니 부처님을 가리킨 것이다.

"수능엄왕세희유首楞嚴王世稀有" 능엄정이 세간에서 가장 희유한 것이라는 말이다. 어째서 희유하다고 하는가? "소아억겁전도상銷我億劫顛倒想" 할 수 있기 때문이다. 즉 내가 무량무변의 오랜 세월 동안 쌓아온 전도된 생각을 없앨 수 있다는 것이다. 도대체 무엇을 전도된 생각이라 하는가? 우리 세상 사람들이 생각하는 모든 것이 전도된 생각이다. 당신이 망상을 지으면 그것이 전도된 생각이다. 이 능엄경의 공용은 우리들 각자의 전도된 망상을 없앨 수 있는 것이다.

미세한 번뇌를 제거한다는 것은 미세하여 눈으로 보이지 않고 귀로 들을 수 없고 마음으로 생각해 낼 수 없는 그러한 번뇌를 모두 제거한다는 것이다. 한 생각이지만 느끼지 못하는 사이에, 세 가지의 미세한 번뇌를 낸다. 한 생각 하는 동안은 아주 짧은 시간이다. 이렇게 짧은 시간에 세 가지 종류의 미세한 번뇌가 생긴다는 것이다. 무엇과 같은가? 이 번뇌는 먼지에 비유할 수 있다. 방 안 가득 먼지가 있어도 많은 먼지가 거울에 붙어야 눈으로 볼 수 있지만, 조금만 붙었을 때는 잘 보이지 않는다. 먼지가 거울에 많이 앉으면, 거울이 물체를 잘 비추지 못한다. 우리들의 미세한 번뇌도 먼지가 거울에 앉는 것과 같다. 본래 우리의 자성自性은 밝은 거울과 같은 것이다. 대원경지大圓鏡智라는 것은 밝은 거울과 같다. 그러나 이러한 미세한 번뇌가 일어나면 밝은 거울을 가로막게 되고, 갈수록 두터워진다. 신수 대사가 이렇게 게송을 읊었다.

> 몸은 보리의 나무요,
> 마음은 밝은 거울과 같구나.
> 시시때때로 부지런히 털어내어야,
> 거울에 먼지가 끼지 않네.
> 身是菩提樹
> 心如明鏡臺
> 時時勤拂拭
> 勿使惹塵埃

어떤 사람은 이 게송이 틀렸다고 말하는데, 나는 옳다고 생각한다. 무엇 때문인가? 이 몸은 보리의 종자이니, 보리수菩提樹와 같다고 비유한 것이다. 사람의 마음은 마치 밝은 거울과 같으니 시시때때로 닦아내야 한다. 항상 수행해야 한다는 말이다. 당신은 먼지가 거울에 앉지 않도록 해야 한다는 말이다.

그래서 "오늘 닦고 내일 털어내고, 닦아내고 털어내니 밝은 거울과 같구나." 당신은 먼지를 닦아내면 거울의 광명은 더욱 빛난다. 바로 미세한 번뇌가 없다는 것이다. 그래서 "시시때때로 부지런히 털어내어야 거울에 먼지가 끼지 않네."라고 한 것이다. 이것도 맞다. 깨닫기 이전의 사람은 이런 도리를 준수해야 한다. 그러나 육조 혜능 대사는 이렇게 말하였다.

보리는 본래 나무가 없으며,
밝은 거울 또한 대가 없구나.
본래 하나의 물건도 없는데,
어느 곳에 먼지가 낄 것인가!
菩提本無樹
明鏡亦非臺
本來無一物
何處惹塵埃

혜능 대사가 말하기를 본래 보리수는 없으며, 밝은 거울은 밝은 거울이지만 대臺는 없다고 하였다. 먼지가 없는데 닦을 필요가 있겠는가? 그러니 어디에 먼지가 앉을 것인가? 이 게송은 깨달은 사람은 다 아는 것이고 준수하는 것이다.

그래서 "한 생각이 나지 않으면 전체가 드러나고, 육근이 홀연히 움직이니 구름에 가린다[一念不生全體現, 六根忽動被雲遮]."고 한 것이다. 일념이 생겨나지 않으면 불성이 현전하고 성품의 정이 나타나는 것이다. 당신의 육근六根이 홀연히 움직이면, 즉 만약 당신이 눈, 귀, 코, 입, 몸, 뜻의 육근의 문에서 일을 행하면 마치 허공에서 구름이 일어나듯이 구름에 가린다는 것이다.

전도된 망상이 없어지고 미세한 번뇌가 제거되면 곧 빨리 부처의 과를 이룰 수 있다. 하지만 애석하게도 우리는 성불하기를 원하지 않고 이 오탁악세에 머물기를 원한다. 이 세계에서 즐거움에 빠져 돌아가는 것을 잊고 괴로움을 즐거움으로 착각하며, 깨달음을 등지고 번뇌와 합치니, 생사를 마치지 못하는 것이다. 그러면서 자기가 대단하다고 여긴다. 생각하기를 '봐, 나는 총명하고 아름답고 사람들이 모두 좋아한다. 사람들이 모르는 일을 나는 모두 알아.' 실제로는 마치 거울 위에 먼지가 갈수록 쌓여 결국에는 조그마한 광명도 사라지게 된다. 지금은 당신이 총명하다고 느끼지만, 열 번 정도 윤회를 거듭하고 나면 돼지처럼 어리석게 변해있을지 모른다. 우리들은 현생을 살면서 마땅히 주의해야 한다. 현생에서 우리가 내세에 갈 곳이 결정된다. 가는 곳을 분명히 알고 가야 비로소 방법이 있을 수 있다.

## 6.

여섯째는 두 가지 문을 밝히고 지금과 후세를 이롭게 하는 것이다[明二門 利今後].

두 가지 문이라는 것은 평등문과 방편문을 가리킨다. 평등문이란 진실의 법[實法]이고, 방편문이란 임기응변의 법[權法]이다. 진실의 법 속에서 이 임기응변의 법을 행하는 것이다. 임기응변의 법은 일시적인 법이며, 영원한 법이 아니다. 진실의 법이란 이 우주법계에 그대로 실재하는 법이며 영원불변한 법이다. 그러므로 이 법에는 권법과 실법이 있는 것이다. 방편법문이 바로 권법이며 권교방편의 법이다. 어떤 것을 권법이라 하는가?

예를 하나 들자면, 마치 석가모니 부처님께서 주먹을 쥐어서 어린아이를 제도한 이야기가 있다. 어떤 어린아이가 우물가를 기어가면서 우물 속으로 떨어지려고 하였다. 떨어지게 되면 물에 빠져 죽을 것이다. 석가모니 부처님께서 아이를 불렀지만 돌아오지 않고 계속 앞으로 가는 것이었다. 그래서 부처님께서는 "내 손에 사탕이 있다. 어서 이리 오너라. 이 사탕을 너에게 주마." 하고 아이를 불렀다. 이 아이는 사탕을 준다는 말에 돌아왔다. 돌아와서 보자 실제로는 손 안에 사탕도 없고 아무것도 없었다.

그러면 이것은 부처님께서 거짓말을 하여 이 아이를 속인 것인가? 아니다. 이 아이가 우물 속으로 떨어지려고 했기 때문에 이런 방법을 쓰지 않으면 그를 돌아오게 할 수 없었고 그러지 않으면 아이는 우물에 빠져죽을 것이기 때문이다. 그래서 빈주먹을 써서 아이를 구한 것이다. 주먹 속에는 아무것도 없었지만 부처님께서 사탕이 있다고 말하여 아이가 돌아오게 하였다. 그 아이는 왜 돌아왔는가? 사탕을 먹고 싶었기 때문이다.

그래서 모든 중생에게 이러한 법문을 사용하여 중생을 교화하신 것이다. 본래는 아무것도 없다. "여기 보배가 있다. 내가 있는 이곳으로 오너라. 그러면 이 보배를 줄게. 이곳에는 가치를 헤아릴 수 없는 보배가 많아. 그리고 좋은 게 얼마든지 있어."라며 중생을 부른 것이다. 왜냐하면 중생은 탐내는 마음이 있기 때문에 좋은 것이 있다고 하면 곧 오게 된다. 이렇게 부르는 것, 권교방편으로 중생을 제도하는 것은 방편법문이다.

지금과 후세를 이롭게 한다[利今後]는 것은 지금과 미래의 중생들이 모두 이익을 얻을 수 있으며, 법의 관정을 받을 수 있다는 것이다. 그래서 두 가지 문을 밝히고 지금과 후세를 이롭게 한다[明二門 利今後]는 것이다.

이러한 여섯 가지의 인연 때문에 석가모니 부처님께서 능엄경을 설하셨다. 능엄경을 설하시면서 이와 같은 평등 법문과 방편 법문을 사용하였다. 이 두 종류의 법문으로 일체 중생을 교화하여 고통에서 벗어나 즐거움을 얻게 하신 것이다. 고통에서 벗어나 즐거움을 얻는다는 것은 바로 장래에 성불의 과를 증득하게 된다는 것이다. 이것이 능엄경이 중생을 이롭게 하는 도리이다. 이 여섯 가지의 인연이 있기 때문에 부처님께서 능엄경을 설하셨다.

# 밀종密宗이란 무엇인가?

　밀종이란 주문呪文과 주문의 뜻을 전문적으로 연구하는 종파다. 불교는 다섯 가지 종파로 나뉜다. 선종禪宗, 교종教宗, 율종律宗, 밀종密宗, 정토종淨土宗이 그것이다. 선종은 좌선하고 참선하는 것이며, 교종은 경을 연구하고 법을 설하는 것이다. 율종은 계율을 엄정하게 세워 삼계에 모범을 보이는 것으로서 오로지 계율을 지키는 것이며, 밀종은 비밀한 것으로서 서로 간에 잘 모르는 것이다. 정토종은 오로지 부처님의 명호를 지송하는데, '나무아미타불' 여섯 자 큰 이름을 염한다.
　　이 다섯 가지 종 가운데 어떤 사람은 선종이 최고라고 말하며, 어떤 사람은 교종을, 밀종을 닦는 사람은 밀종이, 정토법문을 닦는 사람은 정토종이 제일이고 최고라고 말한다. 실제로 이들 법은 평등한 것으로 높고 낮음이 없다. 소위 높다고 하는 것은 개인의 사견으로서 자기가 좋아하는 것을 최고라고 말하는 것이다.

지금 우리는 밀종에 대하여 말하려고 한다. 일반인들이 아는 밀종은 바로 라마교喇嘛敎이다. 사실 밀종은 비밀스러운 것이 아니다. 현교顯敎 안에도 현밀원통顯密圓通이라 하여 밀종이 있다. 대비주大悲呪나 육자대명주六字大明呪 등은 모두 비밀한 것이고, 능엄주楞嚴呪는 더욱 비밀한 것이다. 소위 밀密이라고 하는 것은 서로 모르는 것이다. 잘 이해하지 못하는 사람은 비밀한 것이 가장 좋다고 여기게 되는데, 왜냐하면 그것은 공개적으로 전하는 것이 아니기 때문이다. 불법을 잘 알지 못하는 사람들은 아주 신기하다고 여기면서 "이 밀종은 당신에게 말할 수 없는 것이다."라고 말한다. 그는 불법을 이해하지 못하며, 근본적으로 무엇이 밀종인지 모르기 때문이다.

밀종이 무엇인지를 말하겠다. 이 주呪는 결코 비밀이 아니다. 당신이 이 주를 염송하면 당신에게 영감靈感이 있게 되는데, 나는 그것을 모른다. 내가 이 주를 염하면 나에게 영감이 있게 되는데, 남은 모르는 것이다. 서로 상대방의 주의 공능과 힘을 모르는 것이다. 모르는 것, 이것을 밀종이라 한다. 이 주가 밀종이 아니라 이 주의 힘이 비밀스러운 것이다. 이것이 밀종의 뜻이다.

만약 그 주가 비밀스러운 것이라면, 당신은 그것을 다른 사람에게 전하면 안 된다. 당신이 다른 사람에게 전하면 그것은 이미 비밀이 아니다. 같은 이치로 육조 혜능 대사와 혜명惠明 스님 사이에 이런 대화가 있다. 혜명 스님이 물었다.

"앞에서 하신 말씀이 밀의密意인데, 만약 비밀이 있다면 이것보다 더 비밀한 것이 있습니까?"

혜능 대사가 대답했다.

"그대에게 말한 것은 비밀이 아니다. 만약 그대가 반조返照한다면 그때는 비밀이 그대에게 있다."

이 대화를 살펴보라. 여기서 하고자 하는 이야기는 명백하다. 당신이 말을 할 수 있는 것은 비밀이 아니며, 여러분에게 전할 수 있는 것은 이미 비밀이 아니다. 당신에게 비밀이 있다면 남에게 전하면 안 된다. 비밀은 당신에게 있다. 나는 밀종의 법사를 믿는데, 그도 이 밀종에 대하여 어떻게 해석해야 할지 모른다. 그는 단지 이 주가 비밀한 것이라고 생각한다. 그러나 어떤 주든지 모두 다른 사람에게 전할 수 있고, 어떤 주든지 말할 수 있다. 말할 수 없는 주는 없다. 만약 말할 수 없는 것이라면 그가 당신에게 어떻게 전해 주겠는가? 우리들은 이런 진리를 이야기한다. 왜냐하면 그것은 당신에게 전할 수 있기 때문이다. 이것은 밀종이 아니다. 이것은 비밀스런 것이 아니다.

    비밀스러운 것은 전할 방법이 없다. 비밀은 바로 그러한 힘을 가지고 있다. 당신에게 이 주는 어떤 힘을 가지고 있다고 알릴 수 있는 사람은 없다. 당신이 염하는 것이 어떻다는 것은 마치 물을 마시면서 차갑고 따뜻함을 스스로 아는 것과 같다. 따라서 당신 자신은 알지만 옆에 있는 사람은 모른다. 그래서 이런 것을 '비밀'이라고 부르는 것이다. 그것의 힘이 비밀한 것이며, 그것의 감응이 비밀한 것이며, 그것의 공능이 비밀한 것이지, 결코 그 주가 비밀한 것은 아니다. 지금 여러분은 알아차렸는가? 불법을 이해하지 못하는 사람들은 반드시 내가 하는 말이 틀렸다고 생각할 것이다.

    이 밀종은 동·서·남·북·중앙의 다섯 부로 나뉜다. 동방은 금강부金剛部로서 정법을 보호하는 것이다. 보생부寶生部는 남방이며, 연화부蓮花部는 서방이며, 갈마부羯磨部는 북방이며, 불부佛部는 중앙이다.

능엄주에서는 이 다섯 부를 더욱 상세하게 이야기하고 있다. 따라서 세상에서 만약 한 사람이라도 능엄주를 염한다면, 마왕魔王은 감히 출현하지 못할 것이다. 만약 능엄주를 염하는 사람이 없으면 이 삼천대천세계의 마왕이 모두 세상에 나올 것이다.

왜 그런가? 마왕을 관리하는 사람이 없기 때문이니, 이 다섯 부의 신장들이 일을 하지 않는 것이다. 그래서 마왕이 곧 세상에 나타날 것이다. 그러나 능엄주를 외우는 사람이 있으면 마왕도 감히 세상에 출현하지 못할 것이다. 그래서 나는 한 사람이라도 더 많이 능엄주를 염송하기를 바라는 것이다.

# 귀신이 무엇인지 알고 싶은가?

> 사람으로 살 때 성미가 너무 급하였기 때문에
> 죽은 후 귀신으로 변해도 편안하지 못하고
> 밤낮으로 불에 타면서 멈출 기약이 영원히 없는 것이다.

귀신의 종류는 매우 많다. 보통사람들은 모두 귀신이 두 눈을 부릅뜨고 푸른 얼굴에 이빨이 드러나 있는 것으로 생각하는데, 사실 그 모양은 일정하지 않다. 어떤 때 귀신은 사람의 몸으로 변하기도 한다. 얼핏 보기에는 사람처럼 보이지만 사실은 귀신이다. 만약 당신이 오안五眼이 열린 사람이라면 귀신이 당신을 속이지 못할 것이다. 귀신은 또 말, 소, 양, 개, 물고기나 작은 토끼로 변하기도 한다. 왜 그렇게 변할 수 있는가? 왜냐하면 신통이 있기 때문이다. 혹은 개미, 모기, 파리,

참새, 벌 등으로 변하기도 한다. 봄에 많은 꽃들이 피었을 때 꽃무리 가운데 한 무리의 꿀벌이 꿀을 채집하고 있는데, 그 가운데 많은 부분이 귀신의 화신이다. 꽃무리 가운데 진짜 꿀벌이 있고 가짜 꿀벌이 있다. 진짜 꿀벌은 업에 따라 과보를 받는 것이고 가짜 꿀벌은 귀신이 변화한 것으로서 곳곳으로 다니면서 꽃의 심을 먹고 꽃의 이슬을 마신다. 따라서 귀신은 반드시 눈에 보이지 않는 것이라고 생각하지 말아야 한다. 당신은 매일 그와 대면하면서도 알지 못할 뿐이다. 소위 "대면하고서도 관세음보살을 알지 못한다."고 하는 것이며, 또한 "귀신을 대면하고서도 알지 못한다."라고 말할 수 있다.

지금 어떤 사람은 "스님께서 이렇게 말씀하시니 저는 정말로 믿을 수가 없군요!"라고 말한다. 당신이 믿지 않으면 그만 두어라. "감히 믿지 못하겠다."고 말할 필요가 있겠는가? 나도 억지로 당신에게 믿게 하려고 하지 않겠다. 단지 도리를 이야기하여 당신에게 경각심을 높이려고 하는 것이며, 매일 귀신과 마주치면서도 멍청하게 알아차리지 못하지는 말아야 할 것이다. 어떤 사람이 말하기를 "아이구! 스님, 이런 말씀을 하시니 그야말로 놀랐습니다. 저녁에 감히 잠을 자지 못하겠습니다." 그렇다면 아예 잠을 자지 말고 반주삼매般舟三昧[5]를 수행하면 좋을 것이다.

내가 참된 말을 하여도 여러분들은 믿지 않을 것이니, 참된 말은 적게 말한다. 그러면 내가 거짓말을 하는 것인가? 그것은 아니다. 거짓말은 더욱 해서는 안 된다. 참된 말은 적게 해도 거짓말은 조금이라도

---

5) 96일간 잠을 자지 않고 서서, 또는 탑을 돌면서 아미타 부처님을 염하는 수행

해서는 안 될 것이다. 참된 말이라도 많으면 사람들은 믿지 않는다.

더구나 요사스러운 마귀와 도깨비들도 갖가지 동물로 변할 수 있다. 여러분은 1976년의 일을 기억하는지 모르겠다. 우리들이 처음 만불성성으로 이사왔을 때 어떤 거사가 많은 거북을 사와서 방생을 하였는데, 그 중에 한 마리가 뒤집어지면서 네 다리를 하늘로 향한 일이 있었다. 당시 펑펑馮馮 거사도 현장에 있었는데, 그때 녹색 옷을 입은 사람이 찾아와서 그에게 자신의 목숨을 구해 달라고 간청했다. 펑펑 거사가 그곳에 가서 살펴보고 뒤집어진 거북을 발견하였다. 그 거북도 영성靈性이 있어서 펑펑 거사를 찾아가 살려달라고 할 줄 안 것이다. 여러 해가 지나 아무도 이 일을 기억하지 못한다. 그러나 그 일에서 마땅히 배워야 할 것이 있다. 일체의 중생은 각각 권속이 있는데, 유유상종하며[物以類聚] 기氣로써 서로 잡아당기며[氣機相引], 종류에 의거하여 모습을 드러내는[依類顯形] 도리를 알아야 한다.

여러분이 지금 능엄주를 세밀하게 연구하면서, 귀신도 천차만별이며 형형색색이고, 그들은 모두 과果를 감응하여 보報를 받아 종류에 따라 나타난다는 것을 알 것이다. 능엄주에는 귀신왕의 이름이 많이 나온다. 야차귀, 나찰귀, 수혼귀守魂鬼, 수시귀守尸鬼, 비사차정기를 빨아먹는 귀, 구반다魔魅鬼, 대신귀大身鬼, 전귀顚鬼, 냄새귀臭鬼, 부단나惡臭鬼, 열귀熱鬼, 한귀寒鬼, 영귀影鬼, 음악귀音樂鬼, 식산귀食産鬼, 식태귀食胎鬼, 식지귀食脂鬼, 식등귀食燈鬼, 식오곡귀食五谷鬼 … 등등, 그 변화는 무궁무진하며 무량무변하다.

능엄주를 듣기 전에는 그렇게 많은 귀신을 알지 못하였는데, 들은 후에 비로소 귀신이 그렇게 종류가 많다는 것을 알게 되었다. 당연히 귀신은 사람보다 많다. 사람이 죄업을 지으면 귀신의 무리에 떨어져 스스로는 빠져나오지 못한다.

부처님께서 세상에 계실 때의 일이다. 어느 때 부처님께서는 한 줌의 흙을 손에 쥐고서 제자들에게 물었다.

"너희들은 어떻게 생각하느냐? 내 손의 흙이 많으냐, 대지의 흙이 많으냐?"

제자들이 말했다.

"당연히 대지의 흙이 많으며, 부처님 손의 흙은 적습니다."

부처님께서 말씀하였다.

"사람의 몸을 얻는 자는 손 안의 흙과 같고, 사람의 몸을 잃는 자는 대지의 흙과 같다."

사람의 몸을 잃는 자가 대지의 흙과 같이 많다는 것이다. 그러면 사람의 몸을 잃어버리면 무엇이 되는가? 당연히 귀신이 된다. 물을 필요도 없는 일이다. 따라서 귀신이 사람보다 많은 것이다. 전자계산기로 계산해도 산출할 수가 없다. 신의 뇌[神腦]를 사용하면 모를까. 신의 뇌는 하늘의 뇌[天腦]라고도 부른다. 어떤 사람이 말하기를 "당신은 언제 이 하늘의 뇌를 발명할 수 있습니까?" 이것은 내가 발명한 것이 아니다. 네가 믿지 못하면 하늘세계에 가서 보면 될 것이다. 그것은 자연적으로 존재하는 것이다.

이 하늘의 뇌는 사람이 관리할 필요도 없으며, 자판을 누를 필요도 없다. 당신이 무엇을 알고 싶으면 그것은 자연적으로 산출해 낼 수 있다. 조금의 오차도 없다. 마음에 무엇을 생각하면 그것은 즉시 안다. 왜냐하면 그것은 현묘하고 영통하기 때문이다. 그래서 신이라고 부르는 것이다. 그러나 귀신의 수는 아마도 신의 뇌를 사용해도 셀 수 없을 것이다. 너무 많기 때문이다. 방금 계산해도 곧 천백 억이나 증가할 것이니까. 일 초 후에 또 천백억이나 증가하니 정확하게 산출할 방법이 없는 것이다. 귀신은 갑자기 하늘에, 갑자기 땅에 가며 정해진 거처가 없는 것이다.

귀신도 귀신의 권속과 친구가 있다. 그가 만약 어떤 지방에 먹을 물건이 있다는 것을 안다면 곧 친구를 청하여 함께 가서 먹는다. 비유하자면, 꽃을 먹는 귀신은 꿀벌이나 나비로 변하여 곳곳에서 꽃의 심을 먹고 꽃의 이슬을 마신다. 아귀餓鬼가 느끼는 과보는 항상 불에 타는 것으로 잠깐의 휴식도 없다. 그의 몸 안도 불에 타고 있고 몸 밖도 불에 타고 있다. 안팎으로 불에 치성하게 태우고 지지는 것이니, 그 고통은 이루 말할 수 없다. 무엇 때문에 이런 과보를 받는가?

왜냐하면 사람으로 살 때 성미가 너무 급하였기 때문에 죽은 후 귀신으로 변해도 편안하지 못하고 밤낮으로 불에 타면서 멈출 기약이 영원히 없는 것이다. 피하려고 해도 피할 수가 없다. 그러나 꽃의 꿀이나 꽃의 이슬을 먹는다면 그 뜨거운 고통을 조금 줄일 수 있다. 단지 1초 동안의 짧은 시간 동안 시원함을 얻을 수는 있지만 이미 구해도 얻을 수 없다. 선과 악의 인과가 그림자가 몸의 형상을 따르듯이 밝고 밝아 어긋남이 없으니, 여러분들은 조심하고 조심해야 할 것이다.

그리고 오직 과일만 먹는 귀신이 있다. 먼저 네 종류의 식사에 대하여 간략하게 설명하겠다. 일체 중생은 모두 먹는 것으로써 의지한다. 식에는 네 종류가 있다.

첫째는 분단식分段食이다. 유정有情의 중생은 모두 혈기와 형상을 가진 자로서 분단식을 한다. 분分이란 바로 너는 너의 하나의 분을 가지고 있고, 나는 나의 분을 가지고 있다. 단段은 한 단 한 단, 혹은 한 끼 한 끼를 가리킨다. 마치 아침에 먹고 정오에 먹고 저녁에 먹는 것과 같으며, 중간에 먹지 않는 시간을 남겨두므로 단이라 하는 것이다. 사람과 축생은 모두 분단식을 한다.

둘째는 촉식觸食이다. 접촉하면 곧 먹을 수 있는 것이다. 귀신은 촉식을 한다.

셋째는 사식思食이다. 단지 생각하기만 하면 곧 배가 부르게 되는 것이다. 하늘에 사는 천신은 사식을 한다.

넷째는 식식識食이다. 생각하는 것조차도 필요없는 것이다. 바로 제8식아뢰야식 안에는 먹는 기능을 가지고 있는 것이다. 네 개의 공천空天은 식식을 한다.

축생은 모두 자신들과 같은 동류가 있다. 새를 예로 들어 말해 보자. 같은 종류끼리는 평화롭게 함께 지내지만, 다른 종류의 새들과는 친해지지 못한다. 반드시 싸움이 난다. 만불성성의 만성림 안에서 사는 백학은 어떤 때는 독수리와 싸움을 한다. 작년에 백학 한 마리가 부상을 입었다. 혹은 둥지에서 떨어져 상처를 입기도 하였다. 어린 제자 과타果陀는 이전에 그 백학과 친구였던 적이 있었다. 과타는 전생에 학이 된 적이 있는데, 불경을 듣고 현생에 사람이 된 것이다. 그는 이 학 친구가 어려움을 당한 것을 보고 참지 못하고 곧 그를 병원에 데리고 가서 치료를 해 주었다. 그러나 수의사는 치료할 수가 없어 도와주고 싶지만 도와주지 못하였다. 그래서 하는 수 없이 숲으로 돌려보냈다. 비록 큰 백학이 보호하였지만 마침내 독수리에게 잡아먹히고 말았다. 이것으로 보면 모든 중생은 각각의 무리를 따르며 각각 그 권속이 있는 것이다.

본론으로 돌아와서 중생은 모두 먹는 것에 의지하여 머문다. 과일을 먹는 것을 예로 들어보면, 방금 나무에서 따온 한 개의 과일은 사실은 두 개다. 사과가 하나인 것 같지만 그것은 하나가 아니라 다시 다른 하나의 사과가 더 있는 것이다. 어떤 사람은 이렇게 말할 것이다. "나는 왜 그것을 보지 못했을까?" 당신이 만약 보았다면 곧 훔쳐 먹었을 거야! 이 두 개의 사과 가운데 하나는 그림자라는 것으로서 그것을 또한 사과의 성품이라고 말할 수 있다. 같은 이치로 개개인은 한 사람이 아니라 그에게는 또 다른 하나의 신령스런 성품이 그 몸을 따르고 있는 것이다. 그러나 사람의 신령스런 성품은 사람의 몸 안에 감추어져 밖으로 드러나지 않는다. 이 영성靈性이 만약 밖으로 나오면 곧 마귀와 도깨비에게 잡아먹힐 것이다.

무슨 종류에서 변하여 사람이 되었든 간에 그 배후에는 여전히 그 그림자가 남아있는데, 그것을 귀혼鬼魂이라 부른다 사람에게는 삼혼칠백 三魂七魄이 있다. 예를 들면 전생에 말이었던 사람은 배후에 말의 그림자가 있으며, 전생에 노새나 소, 양, 닭, 개, 돼지였던 사람은 배후에 여전히 그 그림자가 남아 있다. 오안이 열린 사람이 보면 곧 알 수 있다. '아, 이 사람은 전생에 개였구나!' 하지만 사람마다 다 오안이 열리는 것은 아니다. 그렇게 되면 아마 다른 사람의 전생의 문제가 모두 드러날 수도 있기 때문이다. 소위 '천기는 누설할 수 없다.'는 것이다.

과일은 동물이 아니라서 혈기가 없다. 하지만 그것도 생물이다. 생명이 있는 것은 성품이 있다. 과일을 가지고 귀신에게 제사를 지내면 귀신은 그 과일의 성품을 먹는 것이며, 귀신이 과일을 가져가서 입으로 먹는 것은 아니다. 그는 단지 접촉하기만 하면 과일의 성품을 흡수하는 것이며, 그것이 먹는 것이다. 따라서 귀신에게 제사를 지낸 과일은 당신이 다시 그것을 먹어봐도 과일의 맛이 없다는 것을 느끼게 된다.

나의 고향 동북지방의 산에 큰 곰이 있는데, 먹을 때 씹지 않고 통째로 삼킨다. 산에는 매우 단단해서 철탄배라고 불리는 배가 자랐다. 하지만 곰은 씹지 않고 한 입에 삼켜버린다. 더욱 묘한 것은 대변에 그 배가 통째로 나오는데 그 형상이 마치 나무에 달렸을 때와 똑같이 조금도 훼손되지 않고 뭉개지지 않는 것이다. 그러나 그 배는 이미 아무런 맛이 없다. 왜냐하면 일단 곰의 몸 속에 있는 화학공장 즉 소화기를 통과하면서 그 정수는 이미 흡수되어서, 단지 형상만 남고 성품은 남지 않았기 때문이다. 이러한 관점에서 보면, 부처님과 귀신이 과일을 먹는 형상을 이해할 수 있을 것이다. 불전에 올린 과일도 오래 놓아 둘 수 없다. 매우 빨리 상한다. 마치 사람과 같이 살아있을 때는 그의 영혼이 떠나지 않아 괜찮지만 일단 죽으면 영혼이 몸을 떠나기 때문에 육신이 매우 빨리 썩게 되는 것과 같다. 이미 성품이 흡수되어 버린 과일도 곧 상해버린다.

네 가지 종류의 식사 중에서 귀신은 단지 냄새 맡고 접촉하기만 하면 곧 먹은 것이 된다. 우리들과 같이 입으로 먹어서 삼켜야 하는 것이 아니다. 어떤 사람이 묻기를 "스님은 어째서 그렇게 자세히 알고 있습니까?" 그것은 내가 이전에 귀신이 되어본 적이 있는데 그때의 일을 아직 기억하기 때문이다. 귀신은 촉식을 하고 천상인은 사식을 하며, 네 공처천空處天은 식식을 한다.

갖가지 귀신의 업보는 모두 인연으로 말미암아 느끼는 것이다. 이와 같은 원인으로 이와 같은 과보가 있는 것이다. 소위 '미혹을 일으켜서 업을 짓고 과보를 받는다[起惑 造業 受報].'는 것이다. 그러므로 착한 일을 지으면 복이 따르고, 악한 일을 저지르면 화가 쫓아오는 것이 마치 소리를 따라 울리듯이 고통을 받고 즐거움을 느끼게 된다는 것을 알아야 한다. 자기가 지은 업연을 어찌 다른 사람이 받겠는가? 여러분이 귀신이 되기를 원하지 않는다면 귀신이 될 업을 짓지 않아야 할 것이다.

오늘은 단지 내가 이전에 귀신이 되었던 일을 언급했는데, 여러분이 지루하게 느끼지 않는다면 장래에 내가 어떻게 개미가 되고 모기가 되었으며, 지옥에 떨어지고 축생으로 태어난 이야기를 있었던 그대로 다 말할 것이다.

모든 귀신왕은 큰 위덕을 갖추고 있어 요사한 것을 베어 해로움을 제거하며 많은 외도를 제지할 수 있다. 그들은 절복법折伏法을 사용하여 일체의 주술과 주문, 온갖 귀신과 도깨비를 항복시킬 수 있다. 이들은 모두 삿된 지견과 삿된 술법으로 중생을 해치는 무리다. 귀신왕은 그들을 조복받아 선을 키우고 악을 멸하며, 삿됨을 꺾고 마를 깨뜨릴 수 있다. 악마는 마치 이치를 살피지 않는 사람과 같다. 어그러지고 마구 날뛰는 사람은 모두 악마가 세상을 바꾸어 나온 것이다. 당신이 그에게 아무리 잘 대해주어도 그는 당신이 좋다는 것을 느끼지 못한다. 당신이 피와 살을 희생하여 그에게 주어도 그는 여전히 만족할 줄 모르며 은혜에 감사할 줄 모르고 탐욕이 끝이 없다. 어째서 이러한가? 그것은 무수한 세월 동안 악습에 훈습되어 뿌리가 너무 깊기 때문에 사리에 어둡고 완고하여 이전에 형성된 나쁜 성품을 고치지 못하는 것이다.

능엄주 속의 귀신왕은 마치 하늘 병사, 하늘 장군, 금강역사 등과 같이 각각 그의 권속을 거느린다. 그들은 시방을 수호하고 수행자를 호위하며 도량을 융성하게 한다. 앞에서 많은 귀신의 종류를 말했는데, 모든 중생에게는 각자의 귀혼鬼魂이 있다. 개는 개의 귀혼을, 고양이는 고양이의 귀혼을 가지고 있으며, 큰 중생, 작은 중생 모두 귀혼을 가지고 있다. 비록 사람들이 귀신이 무섭다고 항상 말할지라도 사실은 사람과 귀신은 근본적으로 분리할 수 없다. 귀신은 저승에 있고 인간은 이승에 있는 것이다. 하지만 음과 양은 본래 하나의 체로서 우열을 가릴 수 없으며 한계가 없는 것이다. 비교하자면 귀신은 탐진치가 무겁고 사람은 계정혜가 조금 더 있을 뿐이다. 따라서 귀신은 음기를 이루며, 사람과 축생은 기를 부여받아 형상을 이루는 것이다.

왜 형상이 있는가? 왜냐하면 가지가지 집착이 있으므로 오온五蘊의 바구니 속으로 뚫고 들어가 색·수·상·행·식의 범위를 벗어나지 못하게 되는 것이다. 이 오온의 그물은 마치 구름이 해를 가리고 있는 것과 같이 우리의 자성自性을 가로막고 있다. 사실 음과 양은 본래 한 몸이나 지금 오온의 구름층에 의하여 나눠져 있을 따름이다. 사람은 오온의 진陳에 의하여 갇혀 있으며, 귀신은 오온의 조밀한 숲에 결박당해 있다. 그러므로 업의 바다에서 부침하면서 태어나고 죽고, 죽고 태어나면서 태어날 때는 사람이 되고 죽으면 귀신으로 변하는 것이다. 그러나 만약 수행을 하면 귀신이 될 필요가 없다. 수행이 성공하면 보살이 되고 부처를 이룰 수 있으며, 혹은 아라한과를 증득하게 되는 것이다.

　만약 오계를 지키고 열 가지 선을 닦으면 하늘에 태어나 신神이 될 수 있다. 오계는 살생하지 않고, 훔치지 않고, 사음하지 않으며, 거짓말하지 않고, 술을 마시지 않는 것이다. 살생하지 않는 것이 자비이며, 도둑질하지 않는 것이 도의道義이며, 사음하지 않으면 정인군자正人君子이고, 거짓말하지 않는 것이 충신忠信이며, 술을 마시지 않으면 미치고 어지럽지 않게 된다. 살생하는 자는 내생에 숙세의 재앙과 단명하는 과보를 받고, 도둑질하는 자는 빈궁하고 고생하는 과보를 받게 된다. 사음하면 참새나 비둘기, 원앙새가 되는 과보를 받게 된다. 새는 현실과 맞지 않게 높고 먼 것을 추구하는데 그것은 전생에 오로지 사사로이 간통하는 행위를 저질러 도덕을 파괴하였기 때문에 이러한 과보가 나타나는 것이다. 나는 항상 여러분들에게 말하지만 여전히 어떤 사람은 주의하지 않으므로 번거로움을 귀찮아하지 않고 내가 다시 한 번 반복해서 말하는 것이다.

　살생하지 말아야 한다. 모든 중생은 무시이래로 모두 나의 부모, 친구, 권속이 되어왔다. 전생의 부모가 죄업을 지어 금생에 돼지가 되고, 소·말·양 등이 되었을 가능성이 있는 것이다. 만약 당신이 함부로 축생을 도살하는 것은 너의 부모를 간접적으로 죽이는 것과 같은 것이다.

　도둑질하지 말아야 한다. 소위 "자기가 하고 싶지 않은 바를 다른 사람에게 하지 말라己所不欲 勿施于人."고 하는 것이다. 남들이 당신의 재물을 훔치거나 빼앗기를 원하지 않는다면 당신은 먼저 남의 재물을 훔치지 않아야 할 것이다.

사음하지 말아야 한다. 인과율因果律에 있어서 사음을 범하는 것이 가장 엄중하며, 그 징벌도 더욱 맹렬하다. 더욱이 부부간에 만약 서로 이혼하여 다시 결혼한다면, 인과의 법칙에 따라서 임종시에 신체가 둘로 절단될 것이다. 왜냐하면 태어날 때 일찍이 양쪽의 관계가 있으므로 죽은 후 업보가 나타나서 큰 톱으로 머리부터 발끝까지 몸을 자른다. 생전에 사음을 몇 번 했느냐에 따라 죽은 후 그만큼 절단되는 것이다. 생전에 결혼을 일백 번 했으면 죽은 후 일백 번 분리된다.

그렇게 분리되면 어떻게 안 좋은가? 나뉘어져 조각이 나면 다시 신령스런 성품이 하나로 모이려고 해도 쉽지 않다. 아마도 천백억 겁이 지나도 다시 사람의 몸을 회복하기가 어렵다. 이때 성품은 신령스러움이 불완전하게 되어 초목과 같이 썩게 되며, 무정無情의 식물로 변하게 된다. 본성이 분산되어 중생이 되는 것이 쉽지 않으며, 비록 중생이 되어도 비유하자면 하나의 사람 몸이 팔만 사천의 모기가 되는 것과 같은 것이다. 그러나 팔만 사천의 모기가 하나로 다시 모이려고 하는 것은 쉽지 않다. 모기는 수가 많아 다시 모기가 되며, 나왔다 들어갔다 하면서 생사를 윤회할 것이며, 언제나 번뇌를 등지고 깨달음과 합쳐지고[背塵合覺], 미혹함을 버리고 바름으로 돌아가는 것[捨迷歸正]을 모르는 것이다. 소위 "한번 사람의 몸을 잃으면 만겁에 회복하기 어렵다[一失人身 萬劫不復]."고 하는 것이다. 여러분들이 그 뜻을 깊이 이해한다면 어찌 두렵지 아니한가!

# 중생을 제도하려면 먼저 육식하지 말라

　중생은 갖가지 인연이 화합하여 이루어지며 십이인연으로부터 변천하여 사람이 된 것이다. 개미에서 세균까지 모두가 중생이다. 우리의 밖으로 중생을 찾을 필요가 없이 사람의 자성 가운데 이미 무량한 중생이 있다. 현대는 과학이 발달하여 사람의 몸 속에 많은 세균과 미생물이 있다는 것을 증명할 수 있는데, 오장육부 안에는 무량한 중생이 있다.

　사람이 먹는 식물도 중생이며, 돼지고기, 소고기, 생선과 같은 고기 속에도 많은 세균이 있다. 사람이 고기를 먹으면 뱃속에 이러한 세균의 종자가 생기게 된다. 이러한 중생을 많이 먹으면 그들과 같은 권속이 되며, 그들과 인연이 더욱 깊게 되어 서로 얽혀 분리할 수 없게 된다. 돼지고기를 많이 먹는 자는 돼지로 태어날 기회가 있게 되며, 소고기를 많이 먹는 자는 소로 태어나게 될 것이다. 그렇다면 쌀을 많이 먹으면 쌀로 변하는 것은 아닌가? 쌀은 무정無情이고 중생은 유정有情이다. 만약 유정의 중생을 먹으면 유정의 중생으로 태어날 것이다. 무정의 중생을 먹으면 도리어 법신法身의 혜명慧命이 자라는 것을 도와줄 수 있다. 만약 돼지고기를 먹지 않으면 돼지를 구제하는 것이며, 소고기를 먹지 않으면 소를 구제하는 것이다. 제도한다는 것은 고통의 바다를 건너 열반의 피안으로 오르는 것이다. 이와 같은 도리를 이해하는 사람이라면 중생의 고기를 먹으면 안 된다.

예전에 고기를 먹던 사람이 죽어 염라대왕이 있는 곳으로 갔다. 그가 생전에 먹은 고기의 중생들이 모두 몰려와서 그와 결판을 내려고 하였다. 고기를 먹은 자는 여전히 자기를 변호하면서 말하기를 "내가 비록 고기를 먹었지만 죄를 나에게 돌리면 안 되고 마땅히 고기를 판 사람에게 돌려야 합니다."라고 하였다. 그래서 염라대왕은 고기를 판 사람을 불러왔다. 고기를 판 사람도 또한 자기 자신을 변호하면서 말하였다. "내가 고기를 판 까닭은 모두 고기를 사는 사람이 있기 때문입니다. 만약 고기를 사는 사람이 없으면 내가 어떻게 고기를 팔겠습니까?"

이렇게 고기를 판 사람과 고기를 먹은 사람이 서로 다툼을 벌였다. 나중에 그 두 사람은 도살을 한 사람에게 책임을 넘겼다. 염라대왕은 다시 가축을 도살한 사람을 불러왔다. 도살한 사람도 변호하여 말하였다. "나는 확실히 돼지를 잡았습니다. 하지만 사는 사람이 있고 고기를 먹는 사람이 있기 때문에 도살하는 것입니다. 만약 고기를 사는 사람과 먹는 사람이 없다면 나도 도살할 이유가 없습니다." 이렇게 각자 자기 입장에서 변명을 했는데, 그 변명이 모두 죄업을 짓는 도리였다. 마침

내 염라대왕은 고기를 먹은 자에게 피의 죄값을 갚도록 하였다.

　우리들이 어떤 종류의 중생을 먹으면 그 종류의 중생과 풀 수 없는 원한을 맺게 되는 것이다. 고기 육肉 자 안에는 사람 인人 자가 둘이 있는데, 안의 인人이 바깥 인人에 덮여 있다. 중생이 다시 중생의 고기를 먹는 것은 자세히 생각해 보면 사람이 사람을 먹는 것이다. 능엄경에서 이르기를, "양이 죽어 사람이 되며, 사람이 죽어 양이 된다."고 하였다. 양이 사람이 되면 돼지와 소도 사람이 될 수 있다. 아직 천안통天眼通을 얻지 못한 사람은 그 인연을 관찰할 수 없어 돼지는 죽어 돼지가 되며 양은 죽어 양이 된다고 생각할 수 있다. 사람이 중생의 고기를 많이 먹으면 본래 있는 자성을 매몰시켜 신령스런 성품을 잃고 어리석게 변하게 된다.

　그러므로 중생을 제도하려거든 먼저 중생의 고기를 먹는 것을 금해야 한다. 사람이 중생을 제도하려면 먼저 자성의 중생을 제도해야 할 것이다. 중생을 제도하는 데는 또한 상相을 떠나야 하며, 집착하는 바가 없어야 비로소 참된 제도라고 할 수 있다.

# 육식은 재난을 일으키는 죄의 괴수

불교에는 정법正法, 상법像法, 말법末法 시대가 있는데, 모두 중생의 업보에 따라 나타나는 것이다. 정법시대에는 사람들의 복의 과보가 광대하고 심후하고, 지혜도 높으며, 땅속의 물은 마치 우유처럼 영양이 풍부했다. 곳곳의 물이 모두 그와 같았다. 상법시대에 이르러서는 마시는 물이 정법시대보다 영양가가 없었다. 지금은 말법시대로서 마시는 물이 영양가가 없을 뿐 아니라 여러 가지의 독을 품고 있다.

어떤 사람이 말하였다. "우리는 물을 소독했습니다." 소독했다고 할지라도 물 속에는 여전히 독이 있고 그 독을 제거할 방법이 없다. 그래서 이 세상에 독이 날마다 늘어가고 있으며 공기 중에도 독이 퍼져서 오염되고 있다. 사람들이 사용하는 독이 너무 많아서 그 독이 몸 속에 흡수된다. 몸 속에서 화학작용을 일으킨 후에 다시 반사되어 나오기 때문에 공기 속에 독이 가득 차게 된다.

지금 공중에는 갖가지 독기가 가득 퍼져 있다. 우리는 원자폭탄, 수소폭탄 등이 가장 위험한 무기라고 알고 있지만 사람의 입에서 나오는 독이 어떤 독보다도 더욱 해롭다. 그래서 이 세계는 하루가 다르게 파괴되고 있는 것이다. 이러한 독기의 오염을 받기 때문에 매일 취생몽사醉生夢死하고 있다. 먹고, 마시고, 주색잡기하며, 도박하고, 횡액이 일어나며, 무너지고, 유괴하고, 사기치고, 훔치고 하면서 하나도 순수한 것이 없다. 이러한 정황이 실로 가장 위험한 것이다.

만약 세계에 퍼진 독기를 소독하려면 어떻게 해야 하는가? 바로 모두 함께 채식을 하면서, 고기를 먹지 않는 것이다. 채식을 하면 독은 나날이 감소할 것이다. 왜냐하면 중생의 고기에는 모두 독이 있는데, 이러한 독은 매우 미세하여 당신이 먹을 때는 느끼지 못하지만 서서히 독에 중독되는 것이다. 그리고 이러한 독은 특별히 해로워 어떤 약품으로도 해독할 수 없다. 왜냐하면 원한의 업이 매우 깊기 때문이다. 옛 성현이 이렇게 말씀하셨다.

천백년 이래로 고깃국 그릇 속에는
원한이 바다와 같이 깊어 그 한을 평정하기 어렵구나.
세상의 도병겁의 원인을 알고자 하면
깊은 밤 도살장의 문에서 들려오는 소리를 들어 보게나.
千百年來碗里羹
冤深似海恨難平
欲知世上刀兵劫
試聽屠門夜半聲

천, 백년이래로부터 우리들이 먹는 고깃국은 단지 국 한 그릇이지만, 그러나 그 속에 담긴 원한은 바다처럼 깊은 것이다. 사람과 사람의 전쟁, 집안과 집안간의 전쟁, 국가와 국가간의 전쟁 등 서로간의 전쟁은 모두 고기를 먹기 때문에 벌어진 것이다. 전쟁과 수재, 화재, 전염병 등 세상의 모든 재난은 전부 고기를 먹어서 생긴 것이다.

만약 당신이 그 도리를 알고 싶다면 한밤중에 도살장에 가서 슬픔과 고통에 찬 소리를 들어보라. 돼지를 죽이는 곳에는 돼지의 울음소리, 소를 죽이는 곳에는 소의 울음소리, 양을 죽이는 곳에는 양의 울음소리가 가득할 것이다. 어떤 동물이든 죽을 때 비명을 지르고 눈물을 흘린다. 그들이 우는 것이 바로 독을 방출하는 것이다. 한편으로 울면서 독기를 방출하고 다른 한편으로는 이렇게 말할 것이다. "좋다! 지금은 네가 나를 죽이지만, 앞으로 나도 너를 죽일 것이다. 한도 끝도 없이 너는 나를 죽이고, 나는 너를 죽일 것이야. 너는 나를 먹고 나는 너를 먹을 것이다!"

이렇게 갖가지 원한의 독이 허공에 가득 퍼져 있다. 허공에 원한의 독기가 가득 차게 되면 갖가지 재난과 횡화를 초래하게 된다. 모든 사람들이 다 채식을 하면 이러한 원한의 죄업은 가라앉을 것이며, 잔혹함이 상서로움으로 변할 것이다. 그리하여 말겁末劫 시대가 오는 것을 막을 수 있기를 바란다.

# 능엄주의 큰 위신력

> 나는 이와 같이 뛰어난 가르침과 수련을
> 영원히 이 세상에 유지시키려고 한다.
> 왜냐하면 능엄주가 소멸하면
> 불교가 소멸하게 될 것이기 때문이다.
>
> 〔 항지恒持 법사 〕

불교도는 수행 방법을 어떻게 결정해야 하는가? 수많은 수행법 중에서 어떤 것이 나에게 가장 적합한가? 우리들은 마땅히 현생에서의 공부과제를 무엇에 근거해서 선택해야 하는가? 이것이 바로 내가 불교를 만난 후 생각한 문제였다. 1960년대 말 나는 현생의 불교를 샌프란시스코 중국성에 위치한 불교강당에서 찾았다. 나는 자그마한 법당에서 몇 명의 사람들과 함께 스승의 지도 아래 고요히 앉아있었지만, 과거생의 어떤 인연이 현생에 나를 불교로 인도하였는지 몰랐다. 무엇보다도 내가 현생에 어떤 종자를 심어야 다음 번 미래생에도 계속해서 불교와 인연이 될 수 있는지도 몰랐기 때문에 그 방법을 찾아보기 시작하였다.

나는 소박한 강당에 놓인 긴 등받이 의자에서 오랫동안 좌선을 하면서 내가 우리들의 지혜의 스승이신 선화 상인에게서 받은 최초의 인상을 회상하였다. 그분의 지혜와 가르침은 내 정신의 깊은 곳에서 공명共鳴하며 반향을 일으켰는데 어떤 것은 기억나지만 어떤 것은 너무 아득해서 떠올리지 못했다. 그분은 허공을 품고 있는 골짜기와 같이 자상하였으며, 조금의 의문도 없이 우리들 개개인의 안과 밖에 대하여 너무나 밝게 아시고 계셨지만 도리어 우회하지 않고 직접적으로 우리들을 교육하였으며, 우리들이 자존심을 유지할 수 있도록 하셨다.

그해 여름 스승님은 『능엄경』을 강의하면서 아울러 우리들에게 이 경을 열심히 공부할 것을 권하였다. 보충설명을 하시는 가운데 그분은 특별히 능엄주楞嚴呪와 채식, 좌선坐禪에 중점을 두셨다. 이에 더해서 스승님은 석가모니 부처님께서 지적하시기를, 지금 우리들이 처한 이 세계와 시대는 불법이 쇠멸해지기 쉬운 때라고 하셨다고 말씀하신 적이 있다.

능엄경을 본 후 나는 다시 좌선을 하면서 마음을 모았다. 미래에 내가 어떻게 노력해야 하며, 더욱이 무엇을 해야 불교의 미래를 수호할 수 있는지에 대해 숙고했다. 그러자 내가 해야 할 일들이 눈 앞에 펼쳐졌다. 그때는 나의 초발심이 막 발아한 시기였다. 나는 불교도이며, 또한 지금과 미래세에 사람마다 모두 불교도가 되어 결국에는 다 함께 원각圓覺: 부처에 이를 수 있기를 발원하였다.

나는 내가 지금 어떤 수행을 열심히 해야 하는지를 안다. 나는 이러한 뛰어난 가르침과 수행법을 세세생생 끊어짐이 없이 이어지도록 해야 한다. 왜냐하면 능엄주가 소멸하면 불교가 소멸하게 될 것이기 때문이다. 스승님은 우리들에게 바로 능엄경과 능엄주가 바로 지켜야 할 법이라고 하셨다. 내가 무엇을 어떻게 해야 능엄경과 능엄주가 없어지지 않고 유지될 수 있을 것인가? 나는 매일 경전을 독송하고 연구하며 외웠다. 나는 영문으로 경을 번역하는 모임에 가입하여 능엄주를 숙련되게 외웠다. 그런 다음 열심히 송념하였다. 그러면서 경의 가르침을 일을 행하는 준칙으로 삼아서 인연 있는 사람과 나누려고 하였다.

세계는 완전하게 아름다울 수 없으며 우리들도 완전할 수 없다. 우리들은 상대적인 경계를 가진 많은 일에 처하여, 시시각각 "양쪽이 다치는 상대적인 방편 중에서 어느 하나를 취해야 하는" 상황에 직면하는 것을 피할 수 없다. 이러한 무궁무진한 상대적인 법 가운데 답을 찾아내려면 우리는 반드시 담력이 커야 하며, 희생을 무릅쓰고 용감하게 앞으로 나아가는 용기를 가져야 한다. 우리들이 살아가는 동안 여러 가지 도전에 직면하여 상황을 역전시키고 몸을 보존하면서 물러나기도 한다.

이러한 도전에 직면하여 우리들이 구비해야 할 능력은 바로 마음을 기연에 맞게 움직일 수 있는 융통성을 유지해야 하며, 결정을 할 때는 중용을 지켜서 어느 한 쪽에 기울어지지 않게 평형을 구하려고 힘써야 한다. 일을 행함에 있어서 비록 융통성 있게 대처하면서도 원칙에 관해서는 추호도 물러섬이 없어야 한다.

　　나는 아직 무익한 일을 한 적이 없다. 스승이신 선화 상인으로부터 능엄경과 능엄주를 배운 그날부터 조금도 뜻을 바꾸지 않았기 때문이다. 능엄경은 우리들이 거주하는 곳이 어떤 세계이며, 우리들이 어떻게 더불어 살아야 하며, 인간 세상의 욕망을 왜 버려야 하는가를 일깨워주고 있다. 능엄경의 이러한 내용은 모두 나의 일상을 이끄는 삶의 나침반이 되었다. 능엄주의 청정한 분위기와 잠재된 힘은 항상 나를 놀라게 할 따름이다. 처음부터 끝까지 반복해서 독송해보라. 한 번 한 번 할 독송할 때마다 평온하고 큰 위신력으로 우리들의 생명의 씨줄과 날줄을 짜나가는 것을 느낄 수 있다.

# 묘상妙祥 스님[6] 법문

**문** ○ 스님께 법문을 청합니다. 불제자는 반드시 능엄주를 독송해야 한다고 하는데, 능엄주를 독송할 줄 모르면 불제자가 아닙니까?

**답** ● 석가모니 부처님께서 능엄경에서 말씀하시기를 "시방의 부처님은 모두 이 주를 칭념하여 무상정각을 이룬다."고 하신 것을 우리는 안다. 무엇 때문에 이 주심을 칭념하여 정각을 이룬다고 하는가? 왜냐하면 능엄주를 독송하면 청정심을 얻어 무상정각을 이루기 때문에 이 주를 칭념하여 무상정각을 이룬다고 한다. 시방의 모든 여래가 이와 같다.

만약 당신이 대비주나 열 가지 작은 주, 왕생주를 암송하거나 염

---

[6] 선화 상인의 제자로서 현재 중국 라오닝성 안산 대비사의 주지를 맡고 있으며, 계율을 철저히 지키면서 두타행을 실천하는 분이다. 해마다 한 차례씩 걸식행각을 실천하고 있다.

불을 해서 능엄주로 얻는 청정심에까지 도달할 수 있다면, 당신은 바로 부처님의 제자이며, 성불할 수 있다. 능엄주를 독송하는 것은 우리들에게 매우 중요한 것이며, 당신이 밀종, 현종, 정토, 지계 등 무엇을 수행하든지 간에 능엄주를 독송해야 한다. 왜냐하면 능엄주는 가치를 헤아릴 수 없는 값진 보배이기 때문이다.

선화 상인께서 당신이 사람들의 병을 치료해 주고, 어떤 때는 치료하자마자 좋아지곤 했던 것은 모두 평소에 능엄주를 열심히 독송했기 때문이라고 하셨다. 그리고 인광 대사께서도 당신이 정토를 구해서 폐관수행을 할 때는 반드시 아침, 저녁으로 능엄주를 독송했다고 하셨다. 만약 당신이 능엄주를 독송할 줄 모르거나 외울 수 없다면 어떻게 해야 하는가? 경전을 보고 읽으면 된다.

능엄주는 매우 뛰어난 주문이라서, 일체의 음욕심을 끊어버린다. 만약 음욕심이 일어나더라도 능엄주를 한 번 독송하면, 곧 모든 음욕심의 불이 소멸되어 흔적도 없이 사라질 것이다. 능엄경에서 말하였다. 마치 큰 바람이 불어서 모래를 흔적도 없이 사라지게 하는 것처럼, 오역죄와 십악, 심지어 사기四棄, 팔기八棄, 비구의 범계犯戒 등 소멸되지 않는 중죄라도 능엄주를 독송하면 전부 소멸된다.

지금과 같이 말법시대를 사는 우리들은 수많은 죄업을 짓고 살지만, 그 죄업을 소멸할 길이 없고 참회할 방법이 없었다. 그러나 능엄주를 독송하면 그 모든 죄를 참회할 수 있으니, 이 주는 그 가치를 헤아릴 수 없이 값진 보배다.

특히 우리가 음욕의 마음을 억제할 방법이 없을 때 능엄주를 독송하면 곧 청량해질 것이며, 심지어 몇 구절만 염송해도 문제를 해결

할 수 있다. 그러므로 선화 상인께서 이렇게 말씀하셨다. 능엄주가 사라지면 불법이 사라지고, 능엄주가 존재하면 불법도 존재한다고 말이다. 우리들이 부처님의 제자가 되었다면 이렇게 불가사의한 주문을 반드시 독송해야 한다. 만약 당신이 독송할 수 없다면 다른 사람이 독송하는 것을 도와주어야 한다.

# 【 능엄신주 지송 감응 사례 】

སྤྱོད

# 【 능엄주의 감응 】

사과정謝果正

말법시대에 불자들이 모두 능엄주 독송에 숙달되기를!
1990년대에 선화 상인에게 귀의한 후 스님의 법문을 녹음테이프로 들었다. 선화 상인께서는 주로 능엄주와 대비주[7]의 힘에 의지하여서 서양에 불법을 전하셨다. 이 두 다라니의 힘을 빌려 불교의 사막이며, 외도가 성행하는 서양세계에 들어가 천추만세에 영원히 멸하지 않을 성스러운 일을 남기신 것이다.

　　스님께서는 1968년부터 미국 샌프란시스코에서 서양인들에게 불법을 널리 펼쳤는데, 능엄주를 포함하여 능엄경을 강의하는 것으로 시작하셨다. 이것으로 볼 때 능엄경과 능엄주가 세상의 인심을 진흥시키는 중요함과 절박함이 그 밖의 불교경전과는 비교될 바가 아니라는 것

---
7) '신묘장구대다라니'를 달리 이르는 말이다.

을 알 수 있다. 바꿔 말하자면 능엄경과 능엄주는 사람의 욕망이 날뛰고 도덕이 철저하게 무너져가는 시대의 근기에 맞는 최고의 경이며, 또한 당면하여 몽둥이로 치고 할을 하는 가장 아름다운 법보法寶이다. 왜냐하면 말법시대에는 온갖 요괴와 귀신이 도처에서 날뛰고 사람의 마음이 무너져서 세계가 편안하지 못하기 때문이다. 오안육통이 열린 분이 아니고 일반 범부들 육안으로는 요괴와 귀신들을 판별할 수 없는 것이다. 이러한 요괴귀신들이 가장 두려워하는 것이 바로 능엄경과 능엄주이다. 왜냐하면 능엄경에서 말씀하는 도리가 가장 참되며, 능엄주의 힘이 위엄이 있고 강하기 때문에 이들이 그것을 들으면 크게 놀라면서 함부로 방자하게 굴지 못하고 얌전하게 변하기 때문이다.

　　스승이신 선화 상인께서 말씀하시기를 "능엄주를 한번 독송하면 요괴와 귀신이 왜 감히 나타나지 못하게 되는가? 그것은 능엄주의 힘이 너무나 커서 허공계가 다한 온 법계에 두루하여 이러한 상서로운 광명과 기운이 가득 차지 않는 곳이 없기 때문이다. 그런 까닭에 천지의 바른 기운正氣이 부족할 때 능엄주를 독송하면 그 기운이 보충된다."고 하셨다.

　　미국 캘리포니아주 만불성성萬佛聖城의 산문山門에는 스님께서 쓰신 대련對聯이 걸려 있다. "화엄법회능엄단장華嚴法會楞嚴壇場 사십이수안안천입지四十二手眼安天立地." 스님께서는 주로 『화엄경』, 『능엄경』과

---

8 ) 천수대비주에 나오는 42개의 수인과 관련된 용어다. 관세음보살이 하나의 손에 하나의 눈을 갖추고 있다고 하여 수안이라 한다. 이 42수안을 얻으면 나아가 천수천안을 얻는다고 합니다. 선화 상인이 젊은 시절 대비주로 수행할 때 이 42개의 수인법을 터득하여 사람들의 병과 고통을 치료였다. 그리고 이 42수안법을 미국과 중국의 제자들에게 전수하였다고 한다. 그런데 천수대비다라니경에는 40개 수인만 나온다. 불공삼장 역에는 41수, 명대 만력본은 42수를 언급하는데, 선화 상인은 명대의 판본에 의거했을 것이다.

「능엄주」 그리고 「대비주」의 42개의 수안手眼 [8]에 의지하여 천지를 평안하게 세우고 묵묵히 불법의 힘으로 세계의 평화를 도모하신 것을 알 수 있다. 그 가운데 능엄경과 능엄주가 스님께서 가장 존경하고 제자들에게 절실하게 당부하는 것이 되었다. 이런 말법시대에 불자가 되었으면 사람마다 모두 능엄경을 숙독해야 하며, 능엄주를 외울 수 있어야 비로소 진정한 불자가 되는 것이라고 하셨다. 스님께서는 이전에 다음과 같이 말씀하셨다.

"능엄주는 불교의 모든 흥망성쇠와 관계가 있으며, 세계가 종말에 이르지 않게 하는 신령한 주문이다."

"만약 이 세상에 능엄주를 독송하는 사람이 한 사람이라도 있으면, 이 세상은 멸망하지 않을 것이다."

1994년 내가 로스엔젤레스에서 일할 때의 일이다. 한번은 13세의 외조카를 태우고 직접 운전하며 장제성사長堤聖寺의 법회에 참가하였다. 돌아오는 길에 어린아이 둘이 차 뒷좌석에서 싸움을 하는데, 내가 아무리 제지를 해도 말을 듣지 않았다. 그래서 아예 관여하지 않고, 능엄주 녹음테이프를 틀어놓고 그 소리를 따라서 지송하였다. 약 5, 6분 정도 지났을까, 갑자기 뒷좌석이 조용해진 것을 느꼈다. 후면거울을 통해 보니 두 꼬마가 눈을 감고 좌석에 기대 누워있는데 잠을 자는 것처럼 보이지는 않았다. 이토록 짧은 시간에 두 꼬마 녀석의 '개구쟁이 귀신'을 도망가게 하였으니, 능엄주의 힘이 아닌가 생각되었다. 이것이 내가 처음으로 우연한 기회에 체험한 능엄주의 묘한 작용이라고 할 수 있다.

일찍이 스님께서 말씀하셨다. "능엄주를 지송하는 묘용妙用과 공덕은 매우 불가사의하여 미래겁이 다하도록 말해도 다 말할 수 없으며, 능엄주에서 말하는 것은 모두 마왕 파순과 그 권속을 항복시키고 외도外道를 제압하는 것이다. 처음부터 끝까지 구절구절이 모두 모든 부처님의 가르침이다. 또한 매 구절마다 용도가 있고, 글자 하나하나마다 오묘함이 있어서 모두 불가사의한 역량을 구족하고 있다. 설령 한 글자, 한 구절 혹은 한 회會만 읽어도 하늘이 놀라고 귀신이 눈물을 흘리며 요사스런 마귀가 멀리 도망가고 온갖 도깨비가 모습을 감춘다."

그후로 차를 운전하는 동안 능엄주를 지송하는 습관이 생기게 되었다. 그러면서 내 차에 함께 타는 사람들을 관찰하곤 했는데, 평상시에 말이 많던 사람도 이상하게 매우 조용해지거나 아니면 쉽게 잠들게 되는 것을 발견하였다. 이것 또한 능엄주가 알지 못하는 가운데 감응하는 힘이 아닌가 생각되었다.

또 한 가지 말하고 싶은 것이 있는데, 그것은 내 부모님에 관한 이야기다. 내가 어렸을 때부터 부모님은 자주 싸우셨다. 열심히 노력해서 단번에 부모님이 모두 채식을 하게 되었다. 그러나 잔소리를 많이 하고 불같은 성미의 아버지의 성격은 바뀌지 않았고 도리어 연세가 많아질수록 더욱 심해졌다. 아무리 생각해도 이해할 수 없는 일이었다. 오랫동안 채식을 하면 사람의 성격도 온화하게 변한다고 들었는데 부친에게는 그런 일이 일어나지 않았기 때문이었다. 아마도 적지 않은 노인들에게 있는 공통된 병이 아닌가 생각하게 되었다. 다시 말해서, 아버지의 업장이 무거워서 '성내는 귀신'이 자주 발동하게 되는 것은 아닌가 하였다.

아무튼 나는 아들로서 두 분 가운데 끼어 시끄러운 잔소리를 듣는 것이 썩 견디기 쉬운 일은 아니었다. 능엄주를 익히고 난 뒤에 나는 능엄주의 힘을 시험해 보고 싶다는 생각이 들었다. 스승께서 일찍이 말씀하시기를 "능엄주를 항상 외우면 숙세에 쌓은 업장이 소멸되어 모든 죄업이 없어질 것이다. 심지어 참회가 통하지 않는 네 가지 바라이죄나 오역죄조차도 능엄주를 외우면 모두 소멸될 것이며, 모래알같이 무수한 죄업이 모두 없어질 것이다. 그러므로 능엄주를 지송하는 것이 업장을 가장 빨리, 가장 철저하게 소멸시킬 수 있는 법문이라고 말할 수 있다."고 하셨다.

그래서 나는 자가용으로 출퇴근하는 길에 항상 능엄주를 지송하면서 그 모든 공덕을 두 분 부모님께 회향하여 두 분의 성격이 좋아지기를 발원했다. 그런데 그 영험이 매우 빨리 오는 것을 알 수 있었다. 두 분이 싸우는 소리가 눈에 띄게 줄어들었다. 어떤 때는 부친이 혼자 순한 양과 같은 모습으로 앉아서 텔레비전을 보고 있었다. 마치 부친의 몸에 있는 '성내는 귀신'이 능엄주의 금강장 보살에게 제압당한 것 같았다.

그러나 부친이 직접 발심해서 불법을 배우고 수행을 하지 않고, 단지 능엄주의 힘에만 의지해서는 부족하다는 것을 알게 되었다. 다른 사람이 대신해 주는 능엄주의 힘만으로는 단지 성격을 좋게 할 수 있을지는 몰라도 나쁜 성미의 근본을 끊을 수는 없다는 것을 깊이 이해하게 되었다. 나의 업장소멸을 위해서 참회하며 절을 하면서 언젠가는 부친도 자성自性을 깨닫고 불법을 배우게 되기를 발원하였다. 지금까지의 나의 노력으로는 부친을 부처님께 귀의하도록 감화시키지 못했다. 그래서 모든 불보살님의 가피를 기원하면서 부친이 불법에 귀의하여 진심으로 수행하여 나쁜 업을 없애게 되기를 발원하였다. 만약 그렇게만 된다면 현생의 내 삶은 결코 헛되지 않을 것이다.

대만으로 돌아와 일하면서 기회가 있을 때마다 인연 있는 동료들에게 능엄주 지송의 묘한 점을 말하며 권하였다. 그럴 때 자주 듣는 말이 있는데 "능엄주는 아침에만 독송할 수 있고 다른 시간에는 독송하면 안 된다. 만약 그렇게 하면 좋지 않은 일이 생긴다."는 것이었다. 그러나 이런 말은 모두 편견이고 와전된 것이다.

어떤 사람이 선화 상인에게 물었다.

"제가 듣기로, 능엄주는 아침 5시에만 독송해야 하고 다른 시간에는 독송하면 안 된다고 합니다. 정말 그렇습니까?"

스님께서 답하셨다.

"그렇지 않다. 언제든지 독송할 수 있다. 어떤 때이든 모두 아침 5시다. 이곳의 아침은 미국에서는 저녁이다. 어떻게 계산할 것인가? 경을 독송하고 다라니를 염할 때에는 상相에 집착하지 말아야 한다. 언제 염송하더라도 모두 감응이 있다."

우리들이 현생에서 선화 상인과 같이 참된 지혜를 갖춘 큰 선지식의 인도를 받게 된 것은 더할 나위 없는 좋은 복락이다. 선화 상인의 법문은 아침저녁에 울리는 종이나 북과 같아서 잘못된 길을 가는 많은 사람들이 각성하기를 바란다.

## 【 능엄주 독송으로 삿된 법을 멀리 떠나다 】

양과강 楊果強

내가 18세가 되던 1987년에 부친께서 갑자기 중풍으로 돌아가셨다. 나에게는 인생의 큰 충격이었다. 부친은 화를 잘 안 내시며, 모든 일을 하는데 손해 보기를 원하는 분이셨다. 나는 아버지의 그런 정신을 배우려고 생각하여 불교에 귀의하여 불법을 배우기 시작하였다.

대만에서 나는 줄곧 근기에 맞는 선지식을 찾지 못하고 그냥 아무 소득없이 2년을 보냈다. 이 기간에 여러 가지 말법시대의 현상을 보게 되었고 그래서 불교에 의문을 가지게 되었다. 1989년에는 학교 공부 때문에 불교서점이 있는 건물에 세를 얻게 되었다. 당시 집 주인이 미국에서 거사 한 분을 청해서 불법을 배우는 모임을 만들었다. 같은 건물에 살던 나도 함께 참가하게 되었다. 함께 참가한 스물 몇 분의 도반 가운데 거의 모든 사람이 계속해서 감응을 얻었다. 소위 말하는 천안통이 열리거나 (나중에 알고 보니 사실 그것은 단지 귀신과 통한 것에 불과했

다) 혹은 이상한 춤을 추거나 손뼉을 치곤 했다. 단지 나와 다른 한 명의 거사만 그런 감응이 없었고 오히려 그 법사의 법문이 괴상하게 느껴졌다. 지금 돌이켜 보면 우리들이 매일 능엄주를 독송했기 때문이라고 생각된다. 그러나 우리가 읽고 배운 경전이 너무 적어 지견이 부족했기 때문에 무엇이 문제인지를 알지 못했다. 미국에서 온 그 법사는 수행하는 데는 채식을 반드시 할 필요가 없고 고기를 먹어도 상관없다는 말까지 했다. 그리고 어떤 사람들에게는 "나는 천상의 어떤 정토에 있었는데, 당신들은 모두 천상의 나의 아내, 노비, 첩, 호법이었다. 그래서 나는 당신을 제도하고 다시 천상으로 돌아갈 것이다."라고 비밀스럽게 말하였다.

당시 나는 어떻게 해야 할지를 몰라서 관세음보살님에게 기도하면서 내가 올바름과 삿됨을 구별할 수 있는 지혜를 가지게 해 달라고 하였다. 그러면서 나는 불교서점에 있는 많은 책 속에서 그 답을 찾으려고 열심히 읽었다. 그 가운데 한 권의 책에서 '오십 가지 음마陰魔'의 현상에 대해 설명한 것을 보았다. 그것을 해설한 분이 바로 선화 상인이었다. 나는 내 생각이 맞다는 것을 확신하게 되었고, 고기를 먹어도 된다는 법사의 말이 능엄경의 네 가지 청정한 밝은 가르침四種淸淨明誨에 위배된다는 것을 알게 되었다. 또한 그 법사가 말한 '천상의 어떤 정토'라는 것이 바로 오십 가지 음마 가운데 하나라는 것을 알게 되었다.

선화 상인의 여러 가르침과 종지를 보고 비로소 이해하게 되었다. 내가 과거에 보아왔던 불교계의 이상한 현상은 사람이 만든 것일 뿐이며, 세상의 한 곳에서는 여전히 부처님의 정법을 이어가기 위해 노력하는 스님들과 제자들이 있다는 것을 알게 되었다. 특히 "내가 있는 한 말법을 허락하지 않겠다."는 선화 상인의 사사로움 없이 중생을 위하는 마음과 모든 중생의 고통을 대신 짊어지겠다는 크나큰 원에 깊이 감동하였다. 예전에 불교에 대해 가지고 있던 모든 의혹이 일시에 사라지고, 수행을 이끌어 주실 참된 스승을 찾게 되었다. 1990년 선화 상인께서 대만에 와서 법을 펴실 때 귀의해서 내가 평생 동안 의지할 선지식으로 받아들였고 오계五戒를 받았다.

오탁악세의 말법시대라서 그런지 세상의 어지러운 현상은 갈수록 더 많아지고 있다. 그럴수록 능엄경과 능엄주가 더욱 증명되고 있다. 최근 몇 년간 나는 줄곧 능엄주를 지송해 오고 있는데, 여러분도 능엄주를 지송하기를 바라며, 아울러 능엄경을 숙독하여 올바름과 삿됨을 판별할 수 있는 지혜를 가질 수 있기를 바란다. 더욱 중요한 것은 선화 상인께서 남기신 큰 원을 계속 이어가서 정법正法이 오래도록 이 세상에 머물게 하는 것이다.

# 【 흰색의 광명이 귀신과 떨어지게 하다 】

왕선법 王宣法

나는 민국 84년 즉 1995년 가오슝高雄 명덕신촌의 할머니 집에서 음력 설을 보냈다. 할아버지는 생전에 해군소장을 지냈기 때문에 군대에서 배분한 주택이 매우 컸으며 옆에는 근무병의 방이 있었다. 나와 남편은 가오슝으로 돌아와서 근무병의 방에서 살았다.

설 초하루 저녁 다섯 시쯤 나 혼자 방에서 저녁예불을 준비하면서 향찬香讚을 읽기 시작할 때 머리의 피부가 차갑게 마비되는 것을 느꼈다. 예전에 귀신이 몸에 붙은 적이 있었는데 이번에도 그때와 같은 상황이라는 것을 알았다. 그래서 마음을 집중해서 능엄주를 독송했다. 큰 소리로 외우면서 "南無薩怛他 蘇伽多耶 阿囉訶帝 三藐三菩陀 寫 南無薩怛他 …"라는 구절에 이르렀을 때 한 줄기 뜨거운 기가 머리의 관정에서 발끝까지 흐르면서 순식간에 차가움을 느끼지 않게 되었으며, 두피의 마비도 풀렸다. 이것이 불보살님의 가피임을 느끼고 말할 수 없이 감격하면서 그날 저녁에 등불을 끄고 잠을 잘 수 있었다. 바로 일 년 전에 가오슝에 왔을 때 이제 막 불법을 배우기 시작한 터라 경전이나 다라니를 독송할 줄 몰랐다. 그래서 무서워서 저녁에는 큰 등을 켜 놓지 않으면 잠을 자지 못했다. 다행히 대비주와 왕생주 CD를 가지고 와서 이어폰을 끼고 날이 밝을 때까지 들었다.

한 번은 꿈속에서 능엄주를 독송해서 감응이 있었다. 꿈속에서 나는 검게 탄 남자 귀신에게 쫓기고 있었다. 흉악한 얼굴을 한 귀신이었는데 내가 능엄주를 독송하자 내 몸에서 흰색 광명이 나와서 귀신이 멀리 떨어지게 하였다.

또 한 번은 꿈속에서 내가 어떤 집에서 나가지 못하고 묶여 있었다. 그때 날은 매우 어두웠고 집안에는 귀신이 날뛰었는데 내가 능엄주를 제3회까지 독송하자 날이 밝아졌다. 그래서 그 집을 나와 차를 타고 우리 집으로 돌아왔다.

마지막으로 꿈속에서 어린 여자아이의 손을 잡고 데리고 가고 있었는데 나의 딸이라는 것을 알았다. 꿈에서 깬 후 나는 부처님께 이 아이가 다른 곳에 태어나게 해달라고 빌었다. 왜냐하면 나는 수행을 하고 싶었기 때문에 아기를 갖고 싶지 않았다. 그래서 한 주 내내 능엄경과 능엄주를 독송하며 그 아이에게 회향했다. 그러자 일주일 후 꿈에서 그 여자아이가 투명하게 변하면서 사라지는 것을 보게 되었다.

나는 능엄주의 불가사의함을 믿는다. 그래서 능엄주를 독송하고 화엄경에 예배하는 것을 매일의 과제로 삼고 있다. 그리고 불보살님의 가피로 깨달음을 구하는 마음이 견고해지고, 열심히 정진해서 무명의 뿌리를 끊어 없애고 하루 빨리 불도를 이루기를 원한다.

## 【 새로운 생명의 시작 】

과창果昌

부처님의 가르침을 배우면서 감응을 얻으려고 집착해서는 안 된다. 그렇지만 "사람이 정성스런 마음을 가지면, 부처님에게서 감응을 얻을 것이다[人有誠心 佛有感應]." 만약 사람이 청정하게 힘써 수행하면 과보나 감응을 구하지 않아도 저절로 얻게 될 것이다. 힘써 수행하지 않으면 나쁜 과보를 받는 곤경에 떨어지게 될 것이다.

 나는 능엄주의 은혜에 진실로 감사한다. 비록 범부의 마음으로, 거친 마음일지라도 능엄주를 독송하거나 혹은 조그마한 정성과 공경의 마음으로 독송하면 2개월 후에 곧 감응이 있었다. 이것은 시작할 때는 전혀 예상하지 못한 것이었다.

 내가 능엄주를 독송하게 된 계기는 모두 선화 상인께 그 공을 돌려야 한다. 상인께서는 간절하게 우리들이 경전을 깊이 배워서 지혜가 바다와 같아지기를 계속 격려하셨다. 그리고 능엄주를 지송하는 공덕을 끊임없이 찬탄하셨다. 특히 세 부의 대승경전 즉 능엄경과 법화경, 화엄경을 독송하고 배우기를 강조하셨다. 옛날 덕 높으신 큰스님들이 이르시기를, "깨달음을 여는 능엄경, 성불하는 법화경[開悟楞嚴 成佛法華]"이라고 하셨다. 그래서 자연히 능엄경을 먼저 연구하게 된 것이다.

능엄주를 지송해서 얻는 공덕을 읽어보니 참으로 수승한 공덕이 있었다. 가족과 친척, 친구, 국가와 사회를 위하게 되고 자기도 이롭고 남도 이롭게 하는 공덕이 있는데 어떻게 능엄주를 수지하지 않겠으며, 서사하고 독송하지 않겠는가?

많은 사형, 사제들이 능엄주가 너무 길다면서 지송을 포기하는 것을 볼 때면 정말 안타까웠다. 사실 능엄주 지송을 처음 시작할 때는 한번 독송하는 데 20여 분이 걸리지만 숙달되면 5, 6분이면 충분하다.

나는 업장이 매우 무겁고 지혜가 얕아서 중고등학교 시절에 음란한 마음이 불길처럼 일어나서 커다란 고통을 받았다. 음란한 마음이 일어날 때마다 갖가지 방법으로 억제하려고 하였지만 한계가 있었다. 그런데 생각지도 않게 한 순간에 음란한 마음이 사라졌다. 능엄주를 지송한 지 2개월 만에 20여 년간 괴롭히던 습기習氣가 억누르려는 어떤 방법도 사용하지 않았는데 즉시 종적을 감추었다. 이것은 마치 담배를 피울 생각이 없을 때는 담배를 끊는 갖가지 방법이 필요 없는 것과 같다. 이러한 청정한 마음의 감각은 정말로 청량淸凉하고 자재自在하였다. 세존께서 간절하게 우리들을 가르치시기를, 만약 숙세의 습기를 제거하지 못하여 네 가지의 청정한 근본계율(음심을 끊고, 살생하지 않으며, 도둑질하지 않고, 거짓말하지 않는 것)을 엄격히 지킬 수 없을 때는 마땅히 일심으로 능엄신주를 지송하라고 하셨다.

내가 차 안에서 가장 듣기 좋아하는 음악이 바로 능엄신주이다. 우리들이 성심으로 집중하여 능엄신주를 지송하면, 능엄대정楞嚴大定을 얻어 마음을 밝혀 불성을 보며[明心見性], 견성하여 성불할 것[見性成佛]을 어찌 걱정할 필요가 있겠는가? 우리는 반드시 '다라니의 왕'이라 불리는 능엄주를 잊지 않고 총지總持하여 정진, 수행해야 할 것이다. 그리하여 현생에 이 몸을 제도해야 하며, 선화 상인의 가르침과 중생 구제의 원을 저버리지 말아야 할 것이다.

# 정성스런 마음으로 지송하면
# 재난이 길상함으로 변한다

장과군 蔣果君

둘째딸이 가지고 온 능엄주를 받아보고 한 글자도 어떻게 읽어야 정확한지 몰라 사전을 찾아보면서 그 소리를 익혔다. 그런 다음 생각지도 않게 아침에 단 한 번 독송했는데, 아침식사 때 오신채와 고기와 같이 냄새나는 음식이 먹기 싫어졌다. 가족들이 모두 이상하게 생각하였다. 줄곧 채식을 하고 싶어 했던 사람이기는 하지만 어떻게 오늘 이렇게 선포할 수 있는지 모두 신기해 했고, 정말로 기적과 같았다. 새벽에 능엄주를 한 번 지송한 후 정신이 맑고 상쾌해지고 고기를 먹고 싶지 않은 것이 나도 이상하게 생각되었다.

나는 일찍부터 채식을 하고 싶었지만 입이 게걸스러워 고기의 맛이 머릿속에 가득 차 한 달에 이틀도 지키지 못했다. 그런데 능엄주를 지송한 후 생각지도 않게 완전 채식을 할 수 있게 되었다. 남편이 일부러 큰 소리로 말했다. "시아오펑小鳳, 빨리 가서 엄마가 가장 좋아하는 치킨을 사오너라. 그리고 감자튀김도 사서 엄마에게 드려라." 그런 말을 들었지만 조금도 마음이 움직이지 않았으니 정말로 불가사의한 일이었고 진짜로 완전 채식을 할 수 있게 되었다.

오로지 능엄주를 전심으로 지송하기 위하여 그전에 하던 수행을 중지한 것이 마음에 걸렸지만, 단지 각자 근기에 맞는 수행이 좋은 것이라 생각하였다. 마치 선화 상인께서 하신 말씀과 같이 "각각의 법문은 모두 불보살이 중생의 병을 위해 내린 약으로 증세에 맞게 처방한 것이다." 이 능엄주는 나에게는 양약良藥이었던 것이다.

매일 새벽 2시 30분에 일어나 3시부터 능엄주를 지송하여 5번이나 7번 나아가 19번까지 하였다. 처음에는 한 번 독송하는 데 1시간이 걸렸지만 다 외우게 되자 한 번 독송에 15분이 걸렸다. 그리고 유념무념같이 두 개의 개체로 변하였다. 다른 하나는 끊임없이 외웠는데, 이미 본체를 떠난 것처럼 누가 외우는지 모를 정도였다. 또 다른 하나는 맑고 상쾌한 것이, 지송하는 것과는 아무 관계 없이 단지 청정하여 오염됨이 없었다. 마치 외우는 자가 따로 있는 것 같아서, 그것을 의식하지 않으면 합해서 하나가 되었다.

잡념이 없이 청정하게 능엄주를 독송하면 매우 맑고 즐거웠다. 일이 있으면 응대하고 일이 지나가면 저절로 소멸되어 과거·현재·미래가 생각나지 않고 세 마음을 없애버리니, 일이 오면 대응하여 처리하고 일이 지나가면 평정을 회복하였다. 마치 배가 바다를 지나가는 것과 같았다. 배가 오면 파도가 용솟음치고 배가 지나가고 나면 파도가 조용해지듯, 능엄주 지송을 오래하게 되자 솟구치던 파도도 일어나지 않고 여여부동如如不動하게 되어 저절로 바깥의 경계와 어떤 사물에도 움직이지 않게 되었다. 다시 오랫동안 지송하자 자기가 주主가 되어 바깥 사물을 움직일 수 있게 되었다. 마치 텔레비전을 볼 때 보고 싶지 않으면 즉시 채널을 돌리는 것과 같이 외부의 모든 사물을 리모콘으로 자동 조절하듯이 경계를 움직일 수 있었다.

처음에는 마음을 써서 움직이지만 오래지 않아 저절로 이루어져 바깥 경계와 본체가 절연체絕緣體가 되어 각자 한 몸을 이루어도 서로 조금도 장애가 되지 않았다. 안의 마음이 청정하여 저절로 하나의 체體를 이루어 아무런 오염된 잡념이 없어지고, 여여부동如如不動하게 되어 바깥의 경계가 들어올 수 없게 되었다. 또한 너와 내가 없어져서 비록 귀로 사람을 욕하는 소리를 들어도 그 욕 소리를 듣는 사람이 없어졌다. 능엄주를 지송하기 전에는 욕을 먹는 느낌이 마음속 깊이 들어와 마치 칼에 찔리는 것처럼 괴로웠지만, 지송 후에는 너와 내가 존재하지 않으니 더욱 욕을 먹는 대상이 없어진 것이다. 마치 화살을 쏘아도 들어올 수가 없으며, 보호하는 벽이 있어서 화살이

저절로 튕겨 떨어지고 마는 것과 같았다. 여여부동하여 금강같이 파괴되지 않는 몸과 같았다. 바깥 경계인 사람과 사물과 일은 이미 '여여부동한 마음'을 조금도 움직일 수 없었으며, 도리어 자동으로 전환되었으니, 얼마나 수승한 경지인가!

1994년 대만으로 돌아와 능엄경과 인연을 맺어 경을 읽어보니 이런 말씀이 들어 있었다. "아직 재계를 지니지 못하는 사람은 곧 재계를 지니게 한다." 어쩐지 내가 한 번 능엄주를 읽고 완전 채식을 하게 된 것이, 능엄경에 이미 설해져 있었으니 얼마나 영험한가! 그래서 더욱더 나는 경전 속의 한 글자 한 구절의 말씀도 믿어 의심치 않게 되었다.

## 【 능엄주가 나를 구하였다 】

과란果蘭

내 나이 서른 살이 되어서 불법을 배우기 시작했는데, 그 인연이 매우 순조로웠다. 언젠가 한번은 표구점을 구경하다가 인광印光 대사의 염불법문 한 폭을 발견하고 갑자기 큰 환희심이 생겼다. 즉시 표구점 사장에게서 그 법문의 영인본을 빌려와서 사람을 청해 붓글씨로 써서 표구를 하여 집에 걸어두고 매일 수십 차례씩 보곤 하였다. 행주좌와, 어묵동정, 아침부터 저녁까지 한 구의 부처님 명호가 끊어지지 않게 하라는 인광 대사의 법문은 나의 머리에 깊이 박혔고 그 가르침에 따라 봉행하였다. 부처님 명호 한 구절이 완전히 일상생활에 융합되었고 근무 중에도 한 번 움직이는 것이 한 구절의 부처님 명호가 되었다.

의식주를 비롯하여 모든 행동에서 아미타불을 염하는 소리가 끊어지지 않는 속에서 약간의 선정력이 생기게 되었다. 그후 가면 갈수록 나 자신이 정상이 아니라는 것을 느끼게 되었고, 내 입에서 나오는 말도 결코 나의 본심이 아니었다. 전도된 정서가 반복되는 가운데 곳곳에서 여의치 못한 일들에 부딪혔다. 너무도 억울하고 결코 내 본심이 아님에도 불구하고, 하는 행동마다 남들의 오해를 사게 되었다. 그래서 나 자신을 찬찬히 관찰해 보았더니 내 머릿속에서 들리는 다른 목소리에 내가 통제되고 있었다.

문득 회상해 보았더니, 내가 초등학교 다니던 어느 날 저녁 7, 8시 정도쯤에 시골집에 숙제를 하고 있을 때 투명한 유리문에 검은 그림자 하나가 나타났었다. 그 그림자는 흰 이빨 두 개를 드러내고 헤헤 하고 웃고 있었다. 그때 그 그림자가 "헤헤헤, 마침내 너를 찾아냈다."는 말을 했다. 그리고 또 다른 날 저녁에는 녹색 얼굴이 나타났다. 이불속으로 숨고, 아무리 눈을 감아도 그 얼굴은 사라지지 않았다. 큰 눈을 부릅뜨고 나를 쳐다보는 얼굴이 무서워서 벌벌 떨고 있었는데 문득 사라졌다. 그리고 나서 순조롭지 않은 일들이 일어났다. 그후로 내가 가는 길은 모두 괴로운 길이었다. 언제나 많은 장애가 나를 따라다녔다. 사람들의 오해를 사게 되어 억울했고, 심지어 여러 곳에서 나를 공격하였다. 언제나 내가 거의 붕괴될 시점에 가까워져서야 비로소 그 역경에서 벗어날 수 있었다. 사방팔방에서 연이어 일어나는 장애 때문에 나는 이 세간의 진정한 괴로움을 깊이 깨닫게 되었다.

한번은 내가 미쳐 발광을 하면서 거의 뇌진탕이 될 무렵, 나는 관세음보살의 상 밑에 엎드려서 눈 밝은 스승을 만나 수행할 수 있게 해 달라고 울면서 간절하게 기원했다. 그렇게 해서 선화 상인을 알게 되었다. 선화 상인의 법문집을 얻고 나서는 그것을 보물처럼 간직하였다. 단숨에 법문집을 다 읽었다. 밥 먹는 것도 잠자는 것도 잊고 법의 기쁨에 충만한 가운데 며칠이 지나갔다. 그후 나는 어떻게 해서든지 선화 상인의 법문이나 경전 해설 등 각종 서적을 구해서 열심히 읽고 연구했다. 상인께서 대만에 와서 법을 펴실 때, 미국으로 건너가 자유분방하며 조복하기 어려운 청년들을 어떻게 제도하게 되었는가 하고 어떤 기자가 질문하였다. 그러자 상인께서는 "나는 능엄주와 대비주 그리고 관세음보살에 의지하여 제도한다."고 답하셨다.

　선화 상인과 같은 큰 선지식도 이와 같은데 하물며 나는 일개 범부가 아닌가 생각하였다. 그때부터 능엄주와 대비주를 수지하게 되었는데, 특히 능엄주를 많이 수지하였다. 매일 출근하면서 맨 처음 하는 일이 능엄주 테이프를 트는 일이다. 아침부터 저녁까지 하루 열 몇 시간을 모두 능엄주 독송 소리에 묻혀서 지낸다. 한가할 때는 앉아서 능엄주 교본을 보고 지송하였다. 참으로 불가사의한 것은 곤란한 일이 생겼을 때 마음을 집중해서 능엄주를 지송하면 그 일이 매우 빨리 그리고 자연스럽게 해결되는 것이었다. 마침내 나는 번뇌가 보리菩提로 바뀐다는 말을 이해하게 되었다. 번뇌가 일어났을 때 마음을 평정하게 하여 능엄주를 지송하면 번뇌가 매우 빨리 가라앉게 되는 것이다. 능엄주는 마치 날카로운 칼과 같아서 모든 성미와 무명, 번뇌를 자를 수 있는 것이다.

　선화 상인께서는 항상 말씀하시길, "무릇 수행은 회광반조回光返照하여 자기에게서 구해야 하며 밖으로 치달아 구하지 말아야 한다."고 하셨다.

　무명 번뇌가 일어날 때는 당장 참괴慚愧하는 마음과 참회懺悔하는 마음을 일으켜 언제나 자기의 잘못을 살펴야 하고, 일을 처리할 때는 항상 감사하는 마음으로 풀어야 한다. 번뇌는 어디에서 오며 무명은 어디로부터 일어나는가? 모든 것은 우리들의 마음이 짓는 것이며, 생각이 좋게 변하면 여의치 못한 일도 모두 소멸된다. 일터에서나 집에서 다툼이 생기면 나는 곧 바로 스승께서 하신 말씀을 떠올린다.

"다른 사람이 요구하는 것은 그에게 주고 다른 사람이 원하지 않는 것은 우리가 가져라."

세간에서 아직도 무슨 다툴 것이 있는가. 수행은 생사를 마치기 위한 것이고, 중생을 이롭게 하기 위한 것이다. 보살이 되고 부처를 이루려면 중생을 떠날 수 없는 것이다.

내가 이렇게 뛰어난 불법과 이렇게 좋은 대선지식을 만나게 된 것에 감사한다. 성불의 길에서 따를 수 있는 밝은 등불을 만난 것이다. 내가 능엄주를 지송한 2년 동안 능엄주의 힘이 위대하다는 것을 깊이 체득하게 되었다. 조금만 게을러지면 곧 경계에 움직이게 되고, 열심히 정진하면 경계를 만났을 때 명백하게 알 수 있게 되었다. 행주좌와行住坐臥 가운데서 항상 내가 보살이 되어야 하며, 범부는 되지 말아야 한다고 나 자신에게 말한다. 왜냐하면 범부는 경계에 움직이지만 보살은 일체의 경계를 움직일 수 있기 때문이다. 스승께서 항상 하신 법문이 귓가를 맴돈다.

"능엄정楞嚴定에 들면 여여부동如如不動하고, 요요了了하여 항상 밝으며, 경계에 움직이지 않고 모든 경계를 움직일 수 있다. 능엄정이 없으면 경계를 따라 움직이게 되어 무엇이 오면 그것을 따라 달려가니, 경계에 움직이게 되는 것이다."

지난 날을 돌이켜 보면 마치 꼭두각시와 같이 몸이 자유스럽지 못한 어려운 세월을 걸어왔다. 지금 능엄주를 지송하며 느끼는 심경과 비교해 보면 정말로 천양지차가 난다. 항상 환희의 마음, 감사의 마음, 참괴의 마음, 참회의 마음으로 경계를 대하니 언제나 평안하다. 인연을 따라서 과거의 업을 이해하고 처세를 하니 어떠한 사람도 나에게 번뇌를 주는 사람이 없다. 마음을 여니 경계가 열리고 일체의 업이 마음을 따라 일어나며, 마음이 없어지니 업도 없어진다.

과거생에서 무지할 때 지은 원한이 맺은 업에 대하여 나는 깊이 참회하고, 모든 악한 일은 짓지 않고 모든 착한 일은 받들어 행하려고 노력하였다. 덕이 크면 원한의 죄업은 없어지고 원결은 풀어질 것이다. 보살은 원인을 두려워하고 중생은 결과를 두려워한다고 하니 때때로 스스로를 경책하였다. 나쁜 과보를 만나지 않도록 행하고, 인과를 거스르지 않게 행해야 할 것이다.

내가 오늘 이 글을 쓰는 것은 능엄주를 지송하면서 받은 가피와 능엄주의 힘을 모두 드러내기 위한 것이다. 여러분들도 능엄주를 지송하여 큰 이득을 얻기를 바란다. 나무아미타불!

## 진심으로 불법을 잘 배우려면 마魔의 시험을 두려워하지 말라

임조천林朝泉 구술 | 사복래謝福來 정리

임조천林朝泉 거사의 법명은 과천果泉이며, 말레이시아 정부의 공무원으로 이미 퇴직한 분이다. 1998년 열한 분의 도반과 함께 만불보참萬佛寶懺에 참가하기 위하여 왔었다. 그들은 힘든 것을 두려워하지 않고 그 멀리서 와서 법회의 전 과정을 참여하였으며, 아침, 저녁의 기온 차가 큰 만불성성에서 체력과 인내력 모두 큰 시험이었다. 법회를 원만히 마친 후 임 거사의 웃는 모습에서 그가 이번 법회 가운데서 법희法喜와 신심이 충만한 것을 느낄 수 있었다.

임 거사가 선화 상인께 귀의한 과정에도 일단의 특수한 인연이 있었다. 1988년 상인께서 제자를 거느리고 아시아에 법을 펼치려고 가셨을 때였다. 대만에서 말레이시아로 이동해야 하는데 아직 비자를 받지 못하였다. 이렇게 긴급한 순간에 변호사였던 임 거사가 나타나 도와주어서 비자문제를 해결해 주었다. 그가 예전에 이민청에 근무한

적이 있었던 것이다. 임 거사는 비록 선화 상인의 제자는 아니었지만 의리상 거절할 수 없어서 공문을 보내면서 동시에 이민청 관리를 만나 모든 사람들의 비자를 일주일이라는 짧은 기간 안에 비준을 받아준 것이었다.

"사실 그때 나는 상인上人에게 귀의를 했어야 했어. 그러나 애석하게도 나는 태산을 알아보는 안목이 없어서 4년이나 지난 1992년에 비로소 귀의하게 되었어." 이미 상인과 만나 말씀을 나눈 적이 있는 임 거사는 의외로 좋은 기회를 놓친 것이다. 그는 약간 실망한 듯이 그동안의 일을 진술하였다. 하지만 그는 그때 이미 선근을 심었지만 인연이 성숙되지 않았다고 믿었다.

"솔직하게 말하면 그 당시 나는 불교에 대하여 아직 특별한 흥미를 느끼지 못했고, 남들의 부탁을 받고 일에 충실하여 그 일을 잘 처리해 주면 그만이라고 생각하였지."

공교로운 것은 1992년 항실恒實 스님께서 단체를 인솔하여 말레이시아로 법을 펴기 위해 오셨을 때 단원의 입국증에 또 문제가 생긴 것이다. 그때 임 거사는 인사이동으로 자리를 옮겨 정부 인쇄국에서 근무하고 있었다. 당시 말레이시아에서 홍법업무를 맡고 있던 사람도 모두 잘 알지 못하는 관계로 책임자와 임 거사는 안면이 없었다. 그런데 갑자기 찾아와 다시 한 번 도와달라고 요청하여 홍법단은 또다시 순조롭게 비자를 받게 되었다.

선화 상인이나 그 제자들이 말레이시아로 입국할 때 어째서 두 번이나 긴급한 용무로 그를 찾아오게 되었는지 임 거사는 아무리 생각해도 알 수 없었다. 홍법 업무를 주관하는 책임자도 전혀 알지 못하고 또 임 거사가 이미 다른 곳으로 옮겨서 일하고 있었는데도 어떻게 이런 인연이 생기게 되었는지 놀라운 일이었다. 그래서 그는 아마도 숙세의 인연이 아닌가 생각하고 삼보에 귀의하여 마침내 선화 상인의 제자가 되었다.

"불법을 잘 배우려면 원한을 가진 업장이 찾아오고, 부처를 이루려면 먼저 마의 시험을 받게 된다."고 하였다. 상인께 귀의하고 나서 며칠이 지나자 요사스런 마가 그를 괴롭혔다. 어느 날 밤 그가 차를 몰고 밖으로 나가 기름을 넣고 돌아오고 있을 때였다. 집에서 멀지 않은 곳에서 어떤 노부인이 길을 막으면서 태워달라고 하였다. 임 거사는 기름만 넣고 집으로 돌아가는 길이라고 말했지만, 그 노부인이 길을 비키지 않아서 하는 수 없이 차에 태웠다. 그런데 노부인이 차에 타자마자 심한 악취가 나서 제대로 숨을 쉬기도 어려웠다. 그런 와중에 그 부인은 임 거사에게 예의 없는 행동을 하면서 "나는 남편이 없어서 두렵지 않아, 두렵지 않아!"라고 애매한 말을 하였다.

임 거사는 마음속에서 응어리가 일어나면서 이 노부인이 틀림없이 귀신이나 요물일 것이라는 생각이 들었다. 그러자 겁이 나면서 온몸이 떨리기 시작했다. 귀의한 지 얼마 되지 않은 임 거사로서는 어떤 주呪를 외워야 하는지, 무엇을 어떻게 해야 하는지 전혀 몰랐다. 그렇지만 사정이 다급해지자 지혜가 생겼다. "나무아미타불" 염불이 저절로 입에서 흘러나왔다. 이렇게 한번 염불하자 문득 악취가 사라지고, 노부인의 희롱하는 행동도 멈추었다. 그러나 염불을 멈추면 노부인은 다시 손과 발을 움직였고, 그러면 임 거사는 재빨리 다시 염불을 했다. 이렇게 5분 정도 지나자 그 부인은 마침내 차에서 내리면서 임 거사에게 말했다. "당신은 좋은 사람이야! 좋은 보답이 있을 것이다." 차에서 내린 후에는 금세 종적을 알 수 없었다.

그날 저녁부터 임 거사는 때때로 밤에 터무니없는 말을 지껄이게 되었다. 그의 부인은 이미 1988년에 상인께 귀의했기 때문에 급히 선화 상인께 구해주실 것을 요청하였다. 제자에게 어려움이 있는데 스승으로서 어찌 수수방관할 수 있겠는가. 상인은 임 거사를 만불성성으로 오게 하였다. 만불성성에 오자 그 마魔도 따라왔으며, 연이어 13일 동안 저녁마다 창문을 시끄럽게 두드리며 문을 부수고 들어오려고 하였다. 임 거사는 너무나 괴로워서 겨우 한 시간 정도만 자고 일어나서 새벽에 부처님께 예불을 하였다.

14일째 되던 날 선화 상인께서 새벽예불에 오셔서 지팡이로 임 거사의 머리를 세 번 치면서 말하였다. "괜찮다. 집으로 돌아가도 된다." 그 후로부터 과연 평안해지고 무사하였다. 당신은 어떻게 생각하는가. 신기하지 않은가! 이러한 곡절을 겪은 후 임 거사는 불법에 큰 관심을 가지게 되었고, 상인을 믿고 이런 큰 선지식이야말로 자신이 의지할 분이라고 생각하였다. 그후 더욱 열심히 정진하여 선화 상인의 법문과 경전을 연구하며 진심으로 가르침을 따라 봉행하였고, 1997년에 오계를 받았다.

일찍이 선화 상인께서는 동남아시아 지역은 인연이 특수하여 여러 종류의 요괴와 도깨비, 귀신들이 매우 많다고 말씀하신 적이 있다. 임 거사는 정부공무원이었기 때문에 시골에 내려가는 일이 자주 있었다. 어떤 때는 한밤중에 인적이 드문 도로를 지나가다가 괴상한 일을 겪기도 하였다. 한 번은 양동이로 퍼붓는 듯한 괴상한 비를 만난 적이 있었다. 이 비는 차 앞에만 내리고 좌우 양옆에는 전혀 내리지 않았는데 임 거사의 눈앞이 흐려졌다. 이런 경계를 만났을 때 그가 대응할 수 있는 방법은 곧바로 능엄신주의 녹음테이프를 트는 것이었다. 그러면 몇 분 후 비가 거짓말처럼 사라지고 길이 분명하게 보였다.

한번은 시 교외의 작은 여관에 투숙했을 때였다. 그는 잠을 잘 때면 늘 소책자로 된 능엄주를 몸에 지니는데 그날은 깜박 잊고 잠이 들었다. 한밤중에 귀신이 와서 임 거사의 몸을 누르고 손발이 묶인 것처럼 조금도 움직이지 못하게 하며 괴롭혔다. 입도 열 수 없었고 위장은 터질 것처럼 괴롭고 아파서 견디기가 매우 어려웠다. 이것은 능엄경에서 이야기하는 구반다 귀신인데, 손과 발이 없고 몸이 마치 동과冬瓜[9]와 같아서 동과 귀신이라고도 부른다.

임 거사가 한참 발버둥치자 귀신이 비로소 놓아주었다. 그는 재빨리 침대에서 내려와 능엄주 소책자를 잠옷 호주머니에 넣고는 돌아와 자리에 누웠다. 잠이 아직 들지 않았을 때 그 귀신이 다시 와서 공격하였다. 잠자리가 물 위로 날아오르는 자세로 임 거사를 누르면서 동시에 능엄주 소책자도 눌렀다. 귀신이 그의 몸에 접근하자 마치 지뢰가 터지는 것처럼 귀신이 공중으로 튕겨져 나가는 것이 아닌가. 당시 임 거사의 정신은 매우 맑게 깨어있었다. 왜냐하면 그는 마침 도술을 부려 싸울 한바탕 연극을 기다리고 있었기 때문이다. 그 이후로 임 거사는 외지로 출장을 나갈 때는 반드시 능엄주 소책자를 품고 잠을 자게 되었으며, 그 후 6년 동안 다시는 귀신의 괴롭힘을 받지 않고 편

---

9) 동아라고도 부른다. 동남아시아와 중국에서 오랫동안 재배해 온 식물로 박과의 한해살이 덩굴식물이다. 여름에 노란 꽃이 피고 열매는 호박과 비슷한 긴 타원형인데, 씨앗과 열매를 모두 약용으로 사용한다. 열매는 큰 것은 지름이 30cm에 10kg까지 나간다.

안하게 잠을 잘 수 있었다.

임 거사는 이전에 대비주大悲呪와 대비수大悲水: 물 한 잔을 놓고 대비주를 독송하여 감응시킨 것을 말함를 사용해서 막 죽어가던 작은 개를 구한 적이 있다. 2년 전의 일로 그가 집에서 기르던 개의 몸에 있는 이를 없애려고 석유로 목욕을 시킨 적이 있다. 개를 석유 속에 담근 지 얼마 지나지 않아 갑자기 개가 서지도 못하고 눈도 못 뜨고 숨만 미약하게 쉴 뿐이었다. 깜짝 놀라서 동물병원에 데려가서 진찰을 했다. 석유가 이미 피부의 상처를 통해서 혈관에 침투하여 혈액중독을 일으켰다고 했다. 3시간 안으로 죽을 텐데 수의사도 아무 방법이 없다는 것이다.

임 거사는 하는 수 없이 개를 집으로 데리고 왔다. 그의 부인은 관세음보살에게 기도를 하면서 도와주실 것을 간청하였다. 이때 개는 이미 입에 흰 거품을 물고 움직이지도 못하고 먹지도 마시지도 못하였다. 그의 부인이 대비주를 108번 염송한 후 대비수를 꼭 다문 개의 입 속으로 조금씩 넣어주었다. 동시에 개를 위하여 하나의 원願을 발했다. 만약 이 개가 살아난다면 이 개가 죽을 때까지 채식을 시키겠다고.

그로부터 삼일이 되던 날 마침내 기적이 일어났다. 혼미하여 깨어나지도 못하던 개가 갑자기 토하더니 일어나는 것이 아닌가!

일주일 후 개는 원래대로 회복되었고, 다시 일주일이 지나자 온몸의 털이 전부 빠지면서 털 없는 추한 개로 변하였다. 그 후 몇 주일이 지나자 다시 새로운 털이 자라났다. 그 개는 그때부터 채식을 시작하였다. 아울러 자주 문 앞에 엎드리고 앉아 임 거사의 부인이 경을 독송하고 아침, 저녁 예불하는 소리를 자세히 듣는 것이었다. 마치 그 개도 극락세계에 왕생하기를 원하는 것처럼.

# 《 지혜를 열기 위하여 능엄주에 예배하다 》

반과조潘果照

　나는 선화 상인의 법문집 읽는 것을 매우 좋아한다. 왜냐하면 상인의 설법에는 훌륭한 도리가 많이 있기 때문이다. 상인의 가르침을 들으면 나를 되돌아보게 된다. 이미 나의 나이가 많은데 흘러가는 시간을 늦출 수 없으니 더욱 열심히 수행하게 한다. 매일 새벽 일찍 일어나 능엄주를 독송하면서 한 구절에 한 번씩 큰 절을 올린다. 나는 절을 하지 않으면 안 되고 정진하지 않으면 안 된다는 것을 절실하게 느낀다. 그렇지 않으면 지혜가 열리지 않을 것이다. 지혜를 열려면 반드시 열심히 수행해야 하는 것이다. 저녁에 좌선할 때 처음에는 다리가 많이 아프지만 그런 고통쯤은 참을 수 있고 또 불법을 배우는 데 있어서 약간의 괴로움은 감수해야 할 것이다.

　그러나 백내장이 있어서 눈이 좋지 못했고, 좌선할 때 눈꺼풀이 덮이지 않았다. 눈을 뜬 상태라서 빛이 보이기 때문에 좌선을 제대로

할 수 없는 것이다. 나는 관세음보살님 앞에 앉아서 발원했다. "제자의 눈이 좋지 않고, 눈이 감기지 않아서 좌선할 때 앉아있을 수 없습니다." 그런데 그런 발원을 한 후 생각지도 않은 일이 일어났다. 좌선을 하는데 빛이 들어오자 눈이 저절로 감기는 것이 아닌가! 나중에 다시 빛이 들어오자 나는 눈을 뜨고 보았다. 관세음보살의 감응이며 가피를 내려주셨다는 것을 알았다. 그후 눈이 점점 좋아졌고 지금은 건강한 상태이다.

나는 매일 아침 6시에 일어나 따뜻한 물을 마신 후 예불을 하고 나서 30분 동안 능엄주에 예배하고 향 두 개를 사르는 시간 동안 좌선을 하는데, 오전 10시가 되어야 끝이 난다. 원래 나는 풍습風濕이 있었지만 큰 예배[大禮拜: 즉 108참회와 같이 큰절로 예배하는 것]를 한 후로는 무슨 병이든 다 좋아졌으니, 참으로 불가사의하다. 나는 매우 어리석어서 예전에 경전을 배울 때 아무리 배워도 이해하지 못했는데, 지금은 마음을 고요하게 하면 경전의 뜻이 이해된다.

만불성성에서 만불예참萬佛禮懺을 할 때 예배를 하는 동안 한 분 한 분 다음 부처님의 명호가 마음속에서 저절로 솟아올랐다. 어찌 그렇게 기묘한지 알 수가 없었다. 무엇이든 우리가 진심으로 하면 반드시 감응이 있는 것이다. 나는 아무것도 생각하지 않고 나 자신이 좋지 못하여 서둘러 열심히 닦으려고 한다. 우리가 금불사金佛寺로 가는 것은 집으로 돌아가는 것이다. 우리는 늙었기 때문에 하루빨리 염불해야 한다. 금불사는 자기 자신의 집이다. 우리는 노력해야 하며, 노력하지 않으면 언제나 문 밖에 있을 것이니, 열심히 노력해서 안으로 들어가야 한다.

여러 도반들이여, 상인께서 하신 말씀은 구구절절이 모두 진실한 것이다. 이전에 나는 망상은 깨뜨리지 못하는 것으로 여겼지만, 매일 열심히 수행한 후 망상은 없앨 수 있다는 것을 알았다. 생각이 쌓여 이루어진 번뇌는 마치 머리에 모자를 쓴 것과 같아서 머릿속에 든 번뇌의 모자도 벗어버릴 수 있다.

## 【 능엄주 독송으로 원한을 풀다 】

능엄주를 잘 지송하면 참으로 불가사의한 일이 일어난다. 몇 년간 불법을 배워오면서 경건하게 능엄주를 지송하여 감응이 생긴 이야기를 누차 들었다. 하지만 주의해야 한다. 이러한 감응은 여러 불보살님께서 불법을 배우는 중생의 신심이 확고하기 때문에 주는 것이지, 그런 감응을 구하기 때문에 감응하는 것이 아니다. 감응이 나타나는 것은 모두 지송하는 사람이 경건하게 지송하기 때문이다. 감응이 나타나는 데에는 다른 것이 없고 경건한 신심이 가장 중요하다.

    내 친구의 친척 중에 한 사람이 가문 좋은 부잣집 외아들에게 시집을 갔는데 3년이 지나서도 임신을 하지 못하였다. 그 때문에 시어머니가 싫어해서 결혼 생활이 위기를 맞았다. 친척에게서 능엄주를 지성으로 염송하면 지혜로운 자식을 얻을 수 있다는 말을 듣고, 그녀는 며칠 동안 경건하게 염송하고 나서 임신했다. 그녀에게 능엄주를 권한 친척이 나에게 와서 임산부가 능엄주를 염해도 되느냐고 묻기에,

나는 계속 염해도 좋다고 답하였다.

　그녀가 임신하고 나자 시부모님은 매우 기뻐하면서 지극정성으로 며느리를 보살폈다. 초음파 검사를 통해서 사내아이라는 것을 알고 더욱 기뻐했는데, 얼마 후 불행하게도 유산하게 되어 그녀는 큰 충격을 받았다. 손자를 간절하게 바라던 시어머니는 곧 표정을 바꾸고 아들에게 첩을 들이라고 강권하였다. 그녀는 이루 말할 수 없는 고뇌의 시간을 보내면서도 여전히 능엄주 지송을 포기하지 않았다.

　어느 날 그녀의 시어머니가 손자를 얻어야 한다면서 또 며느리에게 듣기 싫은 잔소리를 퍼붓자 줄곧 침묵을 지키던 시아버지가 갑자기 입을 열었다.

　"손자가 없어도 돼, (손자 없이) 조용히 지내는 것도 좋지 않으냐?"

　시어머니는 그 말에 찬성하지 않았고, 그 때문에 두 분은 말다툼을 시작해서 끝날 줄을 몰랐다. 시아버지가 갑자기 큰 소리를 지르면서 입을 다물고 당신의 말을 들으라고 하면서 어떤 이야기를 꺼냈다. 그 이야기를 들은 가족은 모두 눈만 동그랗게 뜬 채 아무 말도 못했고, 며느리는 마음속의 응어리를 내려놓게 되었다. 시아버지가 한 이야기는 이랬다.

　며느리가 유산하기 전날 밤 시아버지에게 원한 맺힌 원수가 찾아와서 이렇게 말했다.

　"나는 원래 네 가족으로 태어나서 너의 재물을 탕진하려고 했다. 그런데 네 며느리가 염송하는 능엄주를 듣고 나서 마음이 바뀌었다. 네가 나에게 진 빚을 받지 않겠다고 결정했다. 그리고 너에게 맺힌 원한도 풀기로 했다. 원한을 품는 것은 재미없으니까. 그리고 또 네 집에 머물지 않고 다른 곳으로 가서 수행을 하려고 한다. 잘 있어라!"

　원래 그녀의 시아버지는 전쟁통에 친구와 함께 피난을 갔다. 도중에 친구가 병에 걸려 일어나지 못하자 그를 돌보지 않고 버렸을 뿐만 아니라 친구의 돈도 몽땅 가져가 버렸다. 그리고 다른 지방으로 가서 이 의롭지 않은 돈으로 사업을 했다. 몇 십 년간의 노력으로 돈을 많이 벌어 몇 개의 회사로 키웠고, 그 동안 모은 재산으로 이미 십 억대의 큰 부호가 되었다. 하지만 유일하게 여의치 않은 것은 하나뿐인 아들이 늦게 결혼을 하였는데 손자를 얻지 못한 것이었다. 기다리고 기다리던 손자가 생각지도 않게 원수가 와서 태에 든 것이라니….

　그는 자존심 때문에 아내도 모르는 야비한 옛일을 처음에는 말하지 않으려고 했다. 그런데 아내가 손자를 바라는 마음이 너무 간절한 나머지 며느리를 핍박하는 것을 보고, 양심의 가책을 느껴서 부끄러운 옛일을 어쩔 수 없이 말하게 된 것이다. 다행히 며느리가 능엄주를 염송했기 때문에 그의 원수가 원한을 풀고 떠나게 되었던 것이다. 그렇지 않고 빚을 받으러 온 손자를 낳았다면 집안도 망하고, 시아버지도 고통스러울 뿐 아니라 심지어 죄 없는 아들 며느리를 해치게 되었을 것이다. 이 모든 사연을 말하고 나서 시아버지는 며느리에게 능엄주가 도대체 어떤 주呪이길래 그렇게 큰 힘이 있는지를 물어보았다.

　이런 인연으로 모든 가족이 부처님의 가르침을 배우는 길에 들어서게 되었고, 그의 재산을 어떻게 사회에 환원해야 모든 사람들을 유익하게 하는 일을 할 수 있는지 알게 되었다. 그 며느리는 오래지 않아 자녀를 두었는데, 2남1녀의 총명하고 귀여운 세 명의 아이를 얻었다.

# 【 나의 능엄주 지송 감응 】

항무恒茂 비구니

2002년 8월 20일 법계성성에서 6명의 집단 중독사건이 발생하였기 때문에 아주 평범했던 일상이 긴박하게 돌아갔다. 당시 중독된 사람들의 상태가 서로 같지 않아서 세 곳의 병원 응급실로 구급차에 실려 갔다.

　중독 사건이 일어난 그날 아침 나는 사무실 당직을 섰는데, 11시 경에 식사를 가지고 사무실로 와서 식사를 하였다. 처음에 탕을 한 입 먹었을 때 맛이 매우 쓰다고 느꼈지만 대수롭지 않게 생각하고 또 한 입 먹었는데 여전히 맛이 썼다. 나는 마땅히 쓴 것을 먹어야 한다고 생각했다. 그래서 세 번 네 번 먹었는데 맛이 너무 써서 그제야 무언가 잘못 되었다고 느꼈다. 이미 입이 마비되기 시작했다. '문제가 있어. 이 음식은 문제가 있어!' 라는 생각이 들었다. 그래서 빨리 식당에 가서 모든 사람들에게 이 음식을 먹지 말라고 알려야겠다고 생각했다.

　내가 식당으로 들어갔을 때 마침 항恒 선사禪師가 들어오기에 이 음식은 문제가 있다고 말하였다. 그리고 계속해서 나는 대중들에게 음식을 먹지 말라고 알리고 나서, 주방에 일러 끓인 물에 설탕을 넣어 달라고 하여 한 사람이 한 잔씩 마시게 하면서 해독을 시켰다. 그리고 나서 사무실로 반쯤 돌아오는데 큰문 입구에서 어떤 사람이 초인종을 누르는 소리를 듣고 가서 문을 열었다. 곧 나는 의식을 완전히 잃어버렸고, 내가 어떻게 병원에 호송되었는지 전혀 기억하지 못했다.

그 다음에 일어난 일은 퇴원해서 점검회의를 하는 시간에 비로소 알게 된 것이다. 그 당시 사람들은 요사채 안에서 나를 찾았는데, 나는 목욕실 입구에 앉아서 두 눈을 부릅뜬 상태로 발견되었다고 한다. 사람들이 내 몸을 당기고 소리를 치면서 깨우려고 해도 반응이 전혀 없어서 몇 사람이 나를 안아 구급차에 태웠다고 한다. 구급차 안에서 내가 두 눈을 치켜뜨고 입에 거품을 토해서 구급요원이 급히 산소호흡기를 사용해서 나를 구했다. 병원 응급실에 도착해서 나에게 관장을 하고 위를 세척하는 등 응급조치를 취했다. 담당 의사는 최소 2, 3일은 상태를 관찰해야 한다고 했다.

그날 저녁 8시 30분 정도에 법계성성의 진陳 선생이 나를 보러 병원에 와서 "얼마나 좋아졌습니까?" 하고 물었다. 그때까지 나는 의식이 완전히 맑게 돌아오지 않았다. 그래서 진 선생이 하는 말은 들었지만, 내 머릿속에 나타난 것은 단지 글자 부호였을 뿐 무슨 뜻인지 제대로 이해하지 못했다. 다음날 새벽 옆에서 나를 돌보고 있던 캐시 Cathi : 지금의 근환近歡 스님에게 물었다. "몇 시지?" 그녀가 답했다. "곧 4시가 됩니다." "앗! 그렇다면 얼른 일어나서 아침 예불을 올려야지."

그래서 급히 가사를 찾아서 몸에 걸친 후 병상에서 예불을 올렸다. 아침 예불을 마치고 나니 5시가 되었는데, 법계성성에서 하던 일과표에 따르면 마땅히 능엄주를 독송할 시간이었다. 그래서 연이어 능엄주를 염송했다. 늘 하던 대로 능엄주를 세 번 염송하고 나자 비로소 몸과 마음이 완전히 맑게 깨어나면서 내가 지금 병원에 있고, 중독되어서 병원으로 호송되어 왔다는 것이 생각났다.

그때 능엄경에서 말씀하신 능엄주를 지송하는 이익에 관한 부분이 갑자기 생각났다.

"마땅히 알아야 한다. 말세의 중생이 스스로 독송하거나 남에게 독송하게 하면, 이와 같이 지송하는 중생은 불이 태울 수 없으며, 물에 빠지지 않으며, 큰 독이나 작은 독이 상해를 입힐 수 없다. 이와 같이 내지 천룡귀신, 정령, 마, 도깨비의 모든 악한 주呪가 모두 붙을 수 없다. 마음이 바른 삼매를 얻어 일체의 저주, 염고厭蠱, 독약, 금의 독, 은의 독, 풀, 나무, 벌레, 뱀 등 만물의 독기가 그 사람의 입에 들어가면 감로의 맛으로 변한다."

능엄주에는 독을 해독하는 힘이 있다는 것을 알았고, 어제 저녁에 캐시가 줄곧 나에게 물을 많이 마시고 화장실에 자주 가라고 한 것이 생각났다. 그래서 나는 정좌하고 앉아 계속하여 능엄주를 지송하였다. 아침 5시부터 7시 반까지 두 시간 반 동안 나는 한편으로는 지송하고 한편으로는 물을 계속 마셨는데, 큰 잔으로 여러 잔을 마셨다. 그렇게 해서 화장실을 여러 차례 다녀왔는데 대변은 모두 검은 색이었고, 소변은 붉은 색을 띠었다.

8시가 되었을 때 내 몸의 8, 90퍼센트가 회복되었다는 것을 느꼈고, 게다가 병원비가 매우 비싸다는 것이 생각나서 의사에게 퇴원을 신청하였다. 의사가 병실로 왔을 때 나는 얼굴에 미소를 띠고 정신이 충만한 모양을 하였다. 내 모습을 본 의사는 퇴원에 동의하였다.

　법계성성에 돌아왔을 때는 이미 공양을 올릴 시간이 다 되었다. 중독이 된 다른 분들은 아직 병원에 있었다. 그래서 모두는 바빠서 허둥대고 있었고, 마침 오전 사시 공양을 도와줄 수 있었기에, 오전 공양을 올리는 유나維那를 맡았다.

　이번 사건을 겪으면서 몇 가지 크게 느낀 점이 있어 여기에 적는다.

### 1.

도량에서 대중이 함께 닦는 힘은 매우 불가사의하다. 우리는 매일 아침 예불과 저녁 예불을 끊이지 않게 하고, 여러 가지 다른 수행을 하는데, 오래 수행하면 수행이 저절로 이루어진다. 어떤 시기가 되면 저절로 하게 된다는 말이다. 비록 사람의 의식이 혼미해지더라도 무의식적으로 행하게 된다. 그래서 생명이 위급해졌을 때 저절로 묵묵하게 자기 자신의 생명을 구할 수 있는 것이다.

### 2.

능엄주의 공덕과 묘용을 깊이 체득했다. 부처님께서는 확실히 "실어자實語者며, 여어자如語者이시다." 능엄경의 도리가 이와 같을 뿐만 아니라 부처님께서 가르치신 모든 법이 거짓이 아니라는 것이다. 단지 가르침에 따라 여법하게 수지하기만 하면, 흉함을 만나도 자연히 길함으로 변하고, 어려움을 만나도 상서로움이 나타나고 깨달음이 증장된다.

## 3.

이번에 중독된 세 사람 가운데 어떤 이는 죽음의 귀신을 보았다고 한다. 따라서 이번의 경험은 정말로 죽음에서 살아 돌아온 것이라고 말할 수 있으며, 우리들에게 생명의 무상함을 깊이 느끼게 하였다. 이 사바세계는 실제로 미련을 남길 곳이 아니다. 한번 생각해보자. 비록 모두가 가장 안전하다고 느끼는 부처님의 도량에서 있으면서 자기 손으로 경작한 가장 믿을 수 있는 채소를 먹는다고 생각할지라도, 이렇게 심각하게 생명의 위협을 받을 수 있다.이번에 우리가 중독된 식물은 '만다라' 인데 독성이 매우 강한 야생초이고, 외관상의 모습은 보통의 채소와 매우 비슷하다. 우리가 조심하지 못해서 그 야생초를 캐다가 먹은 것이다. 그러므로 모두 착실하게 왕생의 자량을 쌓아 극락왕생을 구하는 것이 가장 지극한 깨달음의 길이다.

# 【 능엄주의 신기한 영험 】

풍풍 거사馮馮居士

능엄주는 불경의 주呪 가운데 왕으로 일컬어지며, 경건하게 염송하면 감응이 수승하다. 옛날 내가 미국 LA 금산사에서 선화 상인의 가르침을 받았는데, 상인께서 친히 나에게 능엄주를 가르쳐주셨고 또 모친에게 능엄주 책을 보내주셨다. 나는 근기가 모자라고 인내심이 없어서 하루 열심히 하고 열흘 쉬는 것과 같이 하고, 놀기를 탐하고 텔레비전 보기를 좋아하였다.

그런 이유로 능엄주 전체를 유창하게 독송하지 못하니, 나는 정말로 어리석고, 게으르다. 경을 독송하고 염불하는 데 게으르고 부지런하지 못하니 어지러운 마음을 조복할 수 없는 것이다. 그래서 탐욕, 분노, 어리석음, 의심과 미혹 등 열 가지 큰 번뇌가 모두 밀려왔다. 나는 매일 다시 처음부터 단련해야 했는데, 노스님의 말씀이 조금도 틀리지 않았다. 정말로 부끄럽기 그지없다. 능엄주는 확실히 독송하기 어렵다. 독송한 지 몇 년이 되었는데도 아직 다 외우지 못해서 항상 경전을 보고 독송해야 했고, 며칠 지나면 또 잊어버리곤 하였다. 대비주는 쉽게 읽을 수 있고 전부 외울 수 있다. 금강경도 전부 외우는데, 능엄주는 정말로 방법이 없으니, 나라는 사람은 너무도 어리석은 모양이다.

주呪에 나오는 범어 소리는 모두 비슷해서 쉽게 뒤섞여서 기억하기 어려운데, 대부분이 모두 하늘의 신과 여러 불보살의 이름이다. 그런 까닭에 능엄주를 성심으로 독송하면 모든 삿된 마魔가 공경하며 물러난다.

우주 안에 부처님이 안 계신 곳이 없고, 무한한 아승지겁을 내려오면서 무량의 부처님이 계신다. 능엄주는 여러 부처님의 명호를 범어의 음 그대로 보존하고 있기 때문에 염송할 때 특수한 음파가 발생해서 모든 마를 받아들여 제압한다. 현대과학에서 음파를 이용해서 병을 치료하고, 또 많은 기계적인 일을 하고 물질에 물리적인 변화를 일으킨다. 불가에서 능엄주를 염송하면 미세한 초음파가 발생해서 부처님의 힘으로 자연히 마가 항복하게 되는 것이다.

수년 전에 나는 70년이 된 오래 된 집에 산 적이 있는데, 4~5세 정도 된 서양 여자아이 귀신이 수시로 출현하였다. 그 아이 귀신은 종종 나의 침실에 들어와 호기심에 두리번거리기도 하였다. 집 앞 큰 도로 건너편에 커다란 나무 한 그루가 있었는데, 해마다 차 사고가 나서 사람이 죽었다. 8, 9년 동안 해마다 그런 사고가 났는데, 마지막에는 남녀 한 쌍이 차에 부딪혀 죽었다(이 사건은 일찍이 언론에 보도된 적이 있다). 나는 밤늦게 차사고 소리를 듣고 나와서 직접 두 영혼이 시체에서 나와

방황하는 것을 보았다. 여자귀신은 우리 집에 들어오려고 했는데 내가 꾸짖자 들어오지 못했고, 그 후 그들은 큰 나무에 머물면서 흐느끼면서 울었다. 그 후 오래 지나 젊은 광야귀신을 불러오더니 수시로 지나가는 차량을 넘보면서 몸을 바꿀 수 있는 대상을 찾았다.

선화 상인께 능엄주를 배운 뒤로 나는 모친과 함께 공경스럽게 며칠 밤 동안 공경하는 마음으로 지성으로 염송했다. 그러자 어디서 솟아오른 것인지 알 수 없는 수많은 흰 연꽃이 큰 나무에 깃든 여자귀신을 싣고 가는 것을 보았다. 멀리 가면 갈수록 여자귀신은 가지 않으려고 했지만 몸을 자기 마음대로 하지 못하자 조용해졌다. 그 해에는 차 사고가 다시는 발생하지 않았다. 우리가 이사를 나온 이후 그 큰 나무에는 귀신들이 다시 모여들었고, 그 여자귀신도 되돌아왔다. 그곳에서는 교통사고가 다시 한두 차례 일어났고 비명횡사하는 사람이 있었는데, 지금 나는 감히 그곳에 다시 가고 싶지 않다.

지금 사는 집으로 처음 이사 왔을 때 대낮에도 야위고 작은 서양 노인의 귀신을 보았는데, 쉬지 않고 입에서 거품을 토했다. 어느 날 저녁에는 뚱뚱한 서양 노부인 귀신이 만면에 웃음을 띠고 내 방에 들어와서는 나를 아들이라고 친밀하게 부르기도 했다. 나는 그들이 귀신이라는 것을 알았지만 두려워하지 않고 곧바로 염불을 하고 능엄주를 염송했다. 그 귀신들은 아무 악의가 없었는데, 옛날에 살던 집을 보러 왔고, 내가 가꾸어 놓은 상태가 매우 좋다고 말했다. 그후 그들은 다시는 나타나지 않았다.

나는 그들의 생김새와 옷차림을 기억했다가 이웃에 사는 노인을 찾아갔을 때 이 일을 말했다. 옆집 노인은 그 귀신이 예전에 살던 집

주인 부부인데 모두 의사였고 죽은 지 10여 년이 되었다고 나에게 알려주었다. 우리가 집에 불상을 모시고 난 후로 이상한 귀신들은 나타나지 않았다. 모친은 나보다 더 부지런하고 간절하게 경을 독송하였다. 매일 독송하면서 천천히 한 단락씩 암송하더니 문득 능엄주를 외워서 유창하게 독송할 수 있게 되었지만 나는 여전히 외우지 못하고 있다.

우리 집의 뒷뜰에는 50년 정도 된 배나무 한 그루가 있는데 매년 봄 2, 3월이면 꽃을 활짝 피운다. 마치 아름다운 보탑寶塔처럼 희고 깨끗하며 영롱하다. 배꽃은 해마다 봄에 한 번만 피고 여름에 과일을 맺는다. 그런데 작년에는 신기한 일이 생겼다. 오래 된 배나무가 갑자기 가을에 두 번째 꽃을 피운 것이다. 그때는 이미 가지마다 배가 주렁주렁 달려 있는데 갑자기 꽃봉오리가 나오더니 꽃이 피는 것이 아닌가. 참으로 신기한 일이었다. 모친은 나와 함께 주의 깊게 관찰했는데, 그 꽃들은 나중에 작은 열매를 맺었다. 우리는 그 작은 배를 먹지 않고 따서 불전에 공양물로 올렸다.

허운虛云 노스님께서 그 당시 광동성 광주 육용사六榕寺에서 설법을 하셨는데, 여름과 가을 사이 복숭아꽃이 갑자기 만개해서 사람들이 매우 놀랐다. 우리들은 도행이 조금도 없는데 어찌 허운 노스님과 비교하겠는가? 그러나 모친이 지성으로 염불하고 밤낮으로 게으르지 않으니, 배꽃이 두 번이나 핀 것은 그로 인해서 부처님의 가피를 얻은 상서로운 현상이 아닌가 생각한다. 이런 추측 외에 다른 합리적인 대답을 찾을 수가 없었다.

【 선화상인의 일화 】

सुख

# 【 움막을 지어 어머니의 묘를 지키다 】

 선화 상인의 나이 19세에 어머님이 돌아가셨다. 장례를 마치고 나서 다른 사람들은 모두 자기 집으로 돌아갔지만, 상인은 집으로 돌아가지 않았다. 모친의 묘는 집에서 7,8리 정도 떨어진 멀지 않은 곳에 있었는데 그 옆에 움막을 짓고 3년 시묘살이에 들어갔다. 움막은 매우 작아 허리를 굽혀야 겨우 들어갈 수 있었다. 눈이 오면 눈이 움막 안으로 들어오고, 비가 오면 비가 세는 아주 간단하게 엮은 움막이었다. 상인은 그로부터 다시는 집으로 돌아가지 않았다. 가지고 온 쌀은 먹지 않고 단지 몇 알만 먹고는 그만이었다. 배가 고프면 풀뿌리, 나뭇잎도 먹었으며, 한번은 어떤 버섯을 먹었는데, 하루 종일 웃음이 나오는 이상한 버섯이었다.

 사월 초파일 상인은 하얼빈 시 삼연사三緣寺에 정식으로 출가하였다. 여전히 이전의 상지常智 노스님을 스승으로 하였으며, 사미계를 받은 후 다시 움막으로 돌아와 묘를 지켰다. 시묘살이를 하는 동안 매일 예참하고 경을 읽고 염불하고 좌선하면서 마음은 매우 평안하였다. 엄격하게 하루 한 끼만 먹는 것을 지키면서 항상 고요히 앉아서 여여부동하였다.

　상인께서 수행에 게으르지 않고 정진한 것은 자신의 생사를 마치기 위한 것 외에 중생을 제도하기 위한 것이었다. 부모님은 가장 우선적으로 제도해야 할 분이었다. 나중에 상인의 부친은 앉아서 극락왕생하셨는데, 이것은 상인의 효행이 지극했던 결과라고 할 수 있다.

　시묘살이를 하는 것은 착한 일이다. 하지만 착한 일을 하는 곳에는 숙세의 원친채주寃親債主: 원한을 가진 사람이나 빚을 받으려고 하는 인연가 찾아오게 된다. 어머님의 묘를 지키는 첫날 저녁부터 시작하여 상인은 갖가지 서로 다른 시련을 겪어야 했다. 그러나 '인자무적仁者無敵: 어진 사람에게는 적이 없다'이라고 상인은 놀라 물러나지 않았으며, 도리어 일곱 번의 난관을 돌파하였다. 왜냐하면 상인은 큰 보시의 마음을 발해서 모기와 개미, 쥐들과 친구가 되고, 심지어 그들을 제도하기를 원하였다. 만약 우리들이 상인께서 받은 시련을 단지 재미있는 이야기로만 듣는다면 아무런 의의가 없을 것이다. 우리가 이 일화들 속에서 어떻게 시련을 맞이해야 하는지를 배울 수 있다면 이 이야기들은 바로 무상無上의 깊고 깊은 미묘한 법문이 될 것이다. 다음은 선화 상인께서 직접 말씀하신 내용이다.

첫 번째 난관

## 개가 공격하다

내가 시묘살이를 하면서 어떤 흥미 있는 일이 있었는지 듣고 싶어하는 사람들이 있다. 그래서 오늘은 간단하게 말해보겠다. 묘를 지키는 첫째 날 큰 시련을 만나게 되었다. 낮에는 아무런 일도 없었는데, 저녁이 되어 날이 어두워지자 부근의 사나운 개들이 모두 나타나 나를 귀찮게 하는 것이었다. 이 개들은 모두 사람을 잡아먹을 수 있는 개였다. 그들은 묘 옆에 내가 앉아있는 것을 보았다. 그들이 잡아먹을 목표를 발견하고는 수십 마리의 개들이 사방에서 나를 공격하려고 달려왔다. 처음에는 나와의 거리가 오십 보 정도였는데, 그 개들은 한편으로는 으르렁거리면서 한편으로는 앞으로 전진해 왔다.

이 개들에게 어떻게 대항해야 할까? 이때 나는 생각하였다.

'좋아! 나는 이곳에 앉아 그들에게 관여하지 말자. 그들이 물려고 하면 물리자. 그들이 내 몸을 먹으려고 하면 내 몸을 주자! 어쨌든 나는 어머니를 위하여 묘를 지키고 있으니 내가 죽어도 묻힐 장소는 이미 얻은 것이 아닌가.'

그리하여 나는 뜨는 듯 감은 듯 눈을 감고 개들이 어떻게 행동하는가를 보았다.

개들은 더욱더 가까이 다가와 나와는 약 10보 정도의 거리까지 다가와서는 갑자기 서로 짖으면서 도망을 가는 것이 아닌가. 그들이 왜 짖기 시작하였는지는 모르겠다. 마치 어떤 사람이 개들을 때리는 것처럼 짖었다. 그렇게 하여 첫째 날 개의 뱃속에 들어갈 뻔한 재난에서 벗어나게 되었다.

　사람이 잘 배우려고 하면 원한의 업이 찾아오며, 부처를 이루려고 하면 먼저 마가 찾아온다. 부모님 묘를 지키는 것은 그래도 착한 일이라고 말할 수 있다. 그러나 당신이 착한 일을 하려고 하면 숙세의 원한의 업이 찾아오려고 할 것이다. 개의 난관도 아마 내 과거생에서 그 개들과 서로 원한을 원한으로 보복한 인과였을 것이다. 따라서 그들은 내가 아무런 방비도 할 수 없을 때 예상치도 못하게 나를 공격해 온 것이다. 그러나 나는 그 개들과 대적하지 않았다. 이것은 투항한 것은 아니다. 다만 저항하지 않은 것이다. 나는 저항하지 않음으로써 그들을 물리쳤다. 나는 근본적으로 손을 쓰지 않았으며, 숨 한 번이라도 그들을 향해 불지도 않았지만 개들이 서로 싸움을 하면서 도망가 버린 것이다. 그 후에는 다시 오지 않았다.

두 번째 난관

## 수많은 모기들이 몰려오다

원래 동북지방은 삼월에는 모기가 없는 시기이다. 그러나 어찌된 영문인지 둘째 날 저녁에 큰 모기들이 와서 소리가 날 정도로 웅웅거리는데, 얼마나 많았는지 모른다. 그 당시 나는 생각하였다.

　'아, 이것도 난관인가! 어제는 개의 난관이 있더니만 오늘은 모기의 난관이 왔구나!'

　이 모기떼는 쫓아낼 수도 있고 때려죽일 수도 있는 것이다. 그러나 만약 내가 그들을 때려죽이면 어떻게 어머니를 뵐 면목이 있겠는가? 좋아! 나는 보시의 마음을 발하여 말하였다.

"너희들 와서 마음껏 피를 빨아먹어라. 내 한 턱 낼게!"

그러고는 윗옷을 모두 벗어버렸다. 옷을 벗자 그들이 날아와서 몸에 붙었다. 그러나 몸에 앉았지만 물지는 않고 몸 위를 기어다니다가 모두 날아가 버렸다. 신기하지 않은가?

그 이후로는 움막에 모기가 없을 뿐 아니라 시묘살이 하는 기간 동안 단 한 번도 모기가 와서 나를 물지 않았다. 나의 움막을 찾아오는 다른 사람들은 모두 모기에 물렸지만 나는 물리지 않았다. 손님들은 모기에 물리고는 말하기를 "아야, 이렇게 많이 침을 놓는구나. 얼마나 많은 의사들인가!"라고 하였다.

이날 저녁 모기의 난관도 물리쳤다. 보세요, 이야기를 하니 마치 신기한 옛날이야기 같지 않은가? 들어보니 우습죠? 이런 일들은 그렇게 쉽게 일어나는 일이 아니다. 그 당시 만약 내가 보시의 마음이 없어 옷을 벗지 않았다면 그 모기들이 반드시 나를 그대로 두지 않았을 것이다. 당시 나는 이렇게 생각했다.

'좋다, 너희들에게 내 피를 보시하겠다. 너희들이 내 피를 다 빨아먹고 내가 이곳에서 죽어도 나는 보복하지 않을 것이다. 나는 보복하지 않을 뿐 아니라 만약 내가 성불할 때 너희들을 제도할 것이며, 너희들과 친구가 되겠다.'

이렇게 생각하자 모기들은 내 몸에 내려 앉아 나와 친구가 되려고 하였으며, 차마 나의 피를 빨아먹지 않으려고 하였다. 여러분은 어떻게 보는가. 이것은 감응의 힘이 아닌지? 결론적으로 말해서 내가 진심으로 이러한 보시의 마음을 발했기 때문에 그들도 나의 피를 요구하지 않앉던 것이다. 그 후 나는 출가하여 '모기 비구[蚊子比丘]'라는 필명을 사용했다. 내가 글씨를 쓰면서 어떤 때는 '도륜[度輪]'이라고 이름을 쓰면 사람들이 머리 아파하는 것을 보고, '모기 비구'라는 필명을 사용하기 시작했다. 어떤 사람은 '작은 모기[小蚊子]'라는 필명을 보았을 텐데 그 이름이 바로 이런 일에서 나왔다는 것을 여러분에게 알린다.

세 번째 난관

## 개미들이 몰려오다

:

어떤 사람은 이렇게 생각할 것이다. '야, 참 재미있는 이야기구나.'라고. 그렇다. 재미있는 이야기를 하는 것이니 잘 들어보라. 내가 이야기를 또 하나 들려주겠다. 셋째 날에는 어떤 난관이 있었는가? 아무도 생각하지 못할 것이고 추측해도 알 수 없을 것이다. 무엇이냐 하면 개미의 난이었다.

그날 저녁 내가 앉아 있는데 얼마나 많은 지 셀 수도 없는 개미들이 내 몸 위로 기어올라와서 물기 시작했다. 그때 나는 이렇게 생각하였다.

'이 개미들이 나를 쫓아내려고 하는구나. 내가 여기에서 묘를 지키지 못하게 하는구나. 혹시 이것도 나를 시험하는 것인가? 내 마음이 진심인지 아닌지를 보려는 것인가? 너희들이 나를 쫓아내려고 하지만 나는 너희들을 쫓아내지 않겠다.'

나는 곧 팔과 다리를 벌리고 생각했다.

'너희들 마음대로 올라오너라. 나는 너희들을 없애지 않겠다. 어

떻게 하든지 간에 참을 것이다.'

이렇게 생각하며 30분 정도 물리는데도 가만히 있자 개미들이 모두 떠나는 것이었다. 또 한 번의 난관을 넘은 것이다. 신기하지 않은가? 그 후로 내가 있는 그곳에 한 마리의 개미도 오지 않았다.

이 세 가지의 일을 겪은 후 나는 우리들이 단지 적대하지 않는 마음을 간직하고 어떠한 사람과도 대적하지 않는다면, 비록 그가 나를 적대해도 나는 여전히 그를 친구로 여긴다면, 마침내 그를 감화시킬 수 있으며, 그를 친구로 삼을 수 있다는 것을 알았다. 그 뒤로 나는 '작은 개미[小螞蟻]'라는 필명을 쓰게 되었다.

내가 지금 여러분에게 경을 강의하고 있다. 그런데 만약 모기나 개미가 이 자리에서 경을 강의한다면 아무도 강의를 들으러 오지 않을 것이다. 왜냐하면 모두 모기에 물리는 것이 두렵고, 개미가 기어올라와 옷이 더러워지는 것이 싫기 때문이다. 그러나 지금 여기에 법을 들으러 온 여러분들은 모두 모기, 개미와 친구가 되기를 원하기 때문에 왔다.

네 번째 난관

## 쥐들이 몰려오다

넷째 날에는 모기도 안 오고, 개미도 안 오고, 개도 오지 않았다. 무엇이 왔느냐 하면 쥐들이 왔다. 마치 고양이처럼 큰 쥐였다. 너무나 커서 나는 처음에는 고양이인 줄 알았는데, 자세히 보니 어떤 쥐는 흰색이고 어떤 쥐는 회색이었다. 그곳에 얼마나 많은 쥐가 있었는지는 모르겠지만 쥐가 내 몸을 기어오르고 몸 위에서 뛰어다녔다.

　　개는 내가 때리려고 해도 때릴 수 없었고, 모기와 개미는 때릴 수는 있었지만 때리지 않았다. 왜냐하면 불살생의 계를 범하기 때문에 비록 죽일 수 있는 힘이 있더라도 차마 죽이지는 못하는 것이다. 쥐들이 왔을 때 원래 너무 많아서 쉽게 때릴 수 없었지만 쥐들이 머리 위로 뛰어올라와서 손으로 막았다. 한 번 막으니 쥐들이 내 손을 물어서 피가 흘렀다. 이렇게 되자 나는 다시 생각했다. '아야, 쥐를 잡지 말자, 쥐가 물면 물리자!' 쥐를 상관하지 않자 얼마 지나지 않아서 대략 20여 분이 지났을까? 쥐떼가 스스로 가버렸다. 이렇게 넷째 날 쥐의 난관이 왔다.

다섯 번째 난관
## 독사들이 오다

다섯째 날에는 어디에서 온 것인지 모르는 독사떼가 몰려왔다. 큰 뱀, 작은 뱀, 긴 뱀, 짧은 뱀 등 수많은 뱀들이 몰려왔다. 원래 내가 있던 곳은 평상시에는 뱀을 볼 수 없는 곳이었는데 그날 저녁에는 셀 수 없는 온갖 뱀들이 몰려온 것이다. 그 뱀들이 나를 물려고 했다. 나는 또다시 '아야, 뱀에게 물려서 죽으면 그만이지!'라고 생각하고 저항하지 않았다. 그러자 어떤 뱀도 나를 물지 않고 있다가 사라졌다.

여섯 번째 난관

## 지네들이 오다

⋮

여섯째 날에는 무엇이 왔느냐? 지네가 온 것이다. 얼마나 많은 지네가 왔는지 셀 수가 없었고, 또 어디서 온 것인지도 알 수 없었다. 큰 지네는 3, 4촌 정도로 길었다. 내가 홍콩 대서산大嶼山 자흥사慈興寺에서 매우 큰 지네를 본 적이 있지만 그 전에는 그 정도로 큰 지네를 보지 못했다.

지네가 사방에서 움막을 포위하고 기어 올라왔다(당시 상인은 바닥에 마른 풀을 깔고 앉았는데, 지네들이 땅에서 마른 풀자리를 향해 기어 오른 것이다. - 편역자 주). 쏴쏴 소리를 내면서 위풍당당하게 기어오르고 있었다. 나는 다시 생각했다.

'처음에는 개, 그 다음에는 모기, 개미였고, 쥐, 뱀에 이어서 이번에는 지네구나. 그야말로 어떻게 된 일인가? 아, 관여하지 말자. 무엇이 오든지 간에 물리면 그만이지!'

지네에 대해 두려워하는 마음을 내지 않았고, 성내거나 미워하는 마음도 내지 않았다. 마침내 지네도 스스로 물러났다.

일곱 번째 난관

## 이상한 향기가 코를 자극하다

⋮

일곱째 날에는 오는 것이 달랐다. 향기가 퍼져 나온 것이었다. 그야말로 인간 세상에는 이러한 향기가 없을 정도로 정말로 이상한 향기가 코에 가득하였다. 이 날이 지난 후로는 비교적 평정하게 되었다. 이렇게 7일간의 난관을 모두 물리쳤다.

무덤 가에 앉아 있던 나에게 밥을 보내주는 사람이 없었기 때문에 계속 밥을 먹지 못했다. 그런데 7일이 지난 후 어떤 사람이 밥을 보내왔다. 누가 보냈나 하였더니 아버지가 보낸 것이다. 내 부친은 그때 70여 세였다. 밥을 가지고 와서는 나에게 묘를 그만 지키고 함께 집으로 돌아가자 하면서 눈물을 흘렸다. 나는 7일간이나 밥을 먹지 못했는데도 전혀 배가 고프지 않았다. 그렇지만 그 밥을 모두 먹고 나서 부친에게 말하였다.

"이후로는 저에게 밥을 보내지 마세요. 집에서 보내오는 밥과 음식을 먹지 않겠습니다."

이것이 처음 묘를 지킬 때의 모습이다.

::

선화 상인은 시묘살이를 하는 동안 부처님께서 제정하신 일중일식日中一食의 계 즉 하루 한 끼 식사를 엄격하게 준수하였다. 연세가 많은 당옥명唐玉明이라는 거사가 발심하여 매일 직접 밥을 가지고 와서 상인께 공양하였다. 당시는 여름이었는데, 장마철이라 비가 연이어 내려 길이 질퍽하여 걷기가 매우 곤란하였다.

상인은 당옥명 거사의 나이를 생각해서 말하였다.

"매일 비가 내리니 다니기가 어렵습니다. 이곳에 마른 식량을 준비해두었으니 날이 개거든 다시 밥을 가져오십시오. 제가 준비한 식량으로 20여 일은 먹을 수 있습니다."

당옥명 거사는 정말로 그런 줄 알고 다음날부터 밥을 가져오지 않았다. 선화 상인의 말씀대로 날씨가 맑아지기를 기다렸다가 다시 밥을 가져왔다. 그러나 그는 선화 상인의 움막에 와보고서야 비로소 알았다. 상인은 정좌하여 정진하면서 이미 23일간을 먹지 않았다. 상인은 매일 한 마음으로 좌선을 하였더니 전혀 배가 고프지 않았다고 말하였다. 당옥명 거사는 상인의 수행에 깊이 탄복하였다. 상인의 18대원十八大願은 시묘살이 기간인 같은 해 여름 6월 19일에 부처님 앞에서 발하였다.

## 움막에서 불빛이 나오다

상인께서 어머니의 묘를 지키던 어느 날 저녁 마을사람들은 상인의 움막에서 갑자기 맹렬한 불길이 타오르는 것을 보았다. 그 불빛은 사방을 대낮같이 비추었다. 사람들은 분주하게 서로 알려 불을 끄러가자면서 모여들었다. 그들은 불길이 그렇게 크니 도륜 법사가 필히 재난을 당한 게 틀림없다고 걱정하였다.

여러 사람들이 움막에 와서 보니 상인께서는 단정히 앉아 염불하고 있었으며, 주위에는 불길이 조금도 없음을 발견하고는 신기한 일이라고 입을 모으면서 모두 불가사의한 일이라고 생각하였다. 그 후부터 상인을 따르는 사람들이 날로 늘어났으며, 백 리 밖 먼 곳에서 가르침을 듣기 위하여 찾아와서 상인께 절하였다.

다음은 상인께서 친히 하신 말씀이다.

::

묘를 지킬 때 내가 있는 그곳에는 원래 불이 난 적이 없었다. 몇 차례나 마을사람들이 불이 난 것으로 생각하고 와 보았지만, 화재가 난 것이 아님을 알았다.

그 때 나는 한 차례의 지진을 겪었다. 어느 날 저녁 좌선을 하면서 남도 없고, 나도 없으며, 무엇이든지 모두 공함을 느끼고 있는데, 갑자기 땅이 이리저리 움직이는 것을 느꼈다. 나는 스스로 생각하였다. '아, 이게 무슨 마魔의 장난인가? 그가 나의 몸을 요동치게 하는 걸 보니 이 마의 힘이 작지 않구나!' 지진이 난 것을 나는 몰랐다. 다음날 어떤 사람이 와서 말하였다. "어제 지진이 일어났어요!" 그 말을 듣고 나서야 지진이 일어난 것을 알았다.

그런데 이 지진은 매우 이상하였다. 우물에서는 원래 물이 위로 올라오는 것이 당연한 데 이번 지진에는 내가 있던 그곳의 우물에서는 불이 올라온 것이다. 화산이 폭발할 때 불이 나오는데, 이 우물은 화산이 아닌데도 불이 올라왔으니, 이 세상에는 기묘한 일도 많다.

**편역자 주 :**
수행자가 큰 깨달음을 얻을 때 대지가 진동하는데, 이런 지진에서는 중생들이 죽거나 다치는 일이 없다고 한다.

## ◤ 난산하는 부인을 구하다 ◢

어떤 부인이 아기를 낳는데 매우 난산이었다. 하루가 지나고 이틀이 지났는데도 아기를 낳지 못했다. 심지어 사흘, 닷새가 지났는데도 낳지 못한 것이다. 그 부인은 이루 말할 수 없는 고통을 겪고 있었다. 이렇게 된 이유는 바로 귀신과 요괴가 그 부인에게 장애를 일으켜서 부인을 고통스럽게 만들었기 때문이다.

선화 상인이 어머니의 묘를 지키고 있을 때 당唐 씨 부인이 그런 고통을 당했다. 그녀의 가족이 상인에게 와서 어떻게 해야 아기를 낳을 수 있는지 도와달라고 청하였다. 상인은 그들에게 관세음보살의 명호와 대비주大悲呪를 염하라고 가르쳐주었다. 얼마 지나지 않아서 아기를 낳았는데 태어난 아기는 이미 죽었지만 산모는 아무런 일이 없이 무사하였다. 이것은 모두 관세음보살의 특별한 감응인 것이다. 비록 관세음보살의 특별한 감응이라고 하지만 구하는 사람의 지극한 정성과 진심이 있어야만 비로소 이런 감응이 통하는 것이다.

## 【 거지가 새로운 운명을 창조하다 】

기대복紀大福이라는 거지가 상인의 움막으로 와서 절하였다. 절을 한 후 참지 못하고 상인에게 자문을 구하였다.

"저는 왜 현생에 이토록 가난합니까?"

상인은 그를 위하여 삼세인과三世因果의 도리를 설명하면서 그에게 말하였다.

"경에서 이렇게 이야기하고 있습니다. 현생에 부귀한 것은 무엇 때문인가? 전생에 출가인에게 자주 공양하고, 아울러 가난한 사람에게 보시하였기 때문이다. 현생에 빈천한 것은 무엇 때문인가? 전생에 인색하여 가난한 사람을 구제하려고 하지 않았기 때문이다."

그는 듣고는 매우 이치에 합당하다고 생각하고 다시 물었다.

"저는 항상 스스로 제 자신에게 묻기를 평생 남들에게 잘못한 일이 없는데, 곤궁한 것이 어쩌다가 이렇게 빌어먹는 지경에까지 이르게 되었습니까? 아마도 전생에 매우 인색하고 보시의 응보를 몰랐던 것 같습니다. 현생에 만회할 무슨 방법은 없겠습니까?"

상인께서 대답하였다.

"군자는 운명을 창조할 수 있는 학문을 가지고 있습니다. 당신이 지금부터 노력하여 착한 일을 짓고 널리 음덕陰德을 쌓으면 됩니다. 당신은 자기 자신을 위하여 새로운 운명을 창조할 수가 있는데, 구하지 못할 복이 무엇이겠습니까? 옛날에 주기朱琦라는 분은 전생에 거지였지만, 인과응보의 도리를 이해하고 나서는 공덕을 짓기에 노력하여 쌍선교를 놓고 내세에 제왕의 집에 태어나 태자의 부귀영화를 누렸습니다. 이것이 바로 자기의 운명을 바꾸는 방법이 아니고 무엇이겠습니까?"

기대복은 듣고 매우 기뻐하였으며, 마치 자기의 밝은 미래를 보고 희망이 충만한 것 같았다. 그러면서 상인에게 귀의하기를 청하였다. 그때부터 그가 걸식을 할 때 입에서 "나무아미타불" 염불소리가 면면히 이어졌다. 걸식하여 돈과 쌀 등이 약간 남으면 자신보다 더 필요한 사람에게 보시하였다. 평소에 기회만 있으면 어디서든 선을 행하고 다른 사람을 도왔다.

이와 같이 여러 해를 널리 음덕을 쌓고는 민국 29년(1940년) 겨울 세상을 떠났다. 그는 자기가 왕생할 날짜를 미리 알았고 그날이 되자 염불하는 소리 속에서 편안하게 왕생하였다.

## ◀ 흉악한 부인을 교화하다 ▶

상인이 머물던 마을에 원모항袁慕航이라는 부인이 있었는데 매우 매섭고 흉악한 것으로 유명하였다. 평소 그녀는 남편을 공경하지 않을 뿐 아니라 시어머니를 때리고 욕하였으며, 동서 간에도 화목하지 못했고, 이웃과도 잘 지내지 못하였다. 이 외에도 그녀는 귀신을 공경하지 않고 훼방하였으며, 더욱이 인과를 믿는 말을 비난하였다. 어쨌든 그녀는 마을사람들에게 '호랑이엄마'라고 불렸다.

어느 날 그녀는 다른 사람을 따라 상인께서 시묘살이 하는 곳으로 왔다. 상인께서 결가부좌하고 합장하고는 서쪽으로 향하여 입으로 '나무아미타불'을 끊임없이 염하는 것을 보게 되었다. 그녀는 상인께서 무엇을 하고 있는 것인지 이해하지 못하여 물었다.

"당신은 무엇을 하고 있습니까?"

상인이 답하였다.

"나는 염불하여 모친을 천도하려고 하며, 조속히 서방극락세계에 왕생하여 모친이 나를 양육해 준 은혜에 보답하여 자식 된 도리를 다 하려고 합니다."

그녀는 줄곧 귀신의 존재를 믿지 않았기 때문에 이 말을 듣고는 의혹이 생겨서 다시 물었다.

"사람이 죽은 후 정말로 귀신으로 변할 수 있습니까?"

상인께서 대답하였다.

"어찌 사람이 죽어야 비로소 귀신이 되겠습니까? 어떤 사람은 살아서도 마음에 귀신의 마음을 간직하며 말하는 것은 귀신의 말이며, 행동하는 것은 귀신의 일이니, 귀신과 무슨 구별이 있겠습니까? 사람을 미워하는 사람은 붉은 얼굴의 귀신이며, 사람을 원망하는 사람은 황색 얼굴의 귀신이며, 사람을 괴롭히는 사람은 붉은 얼굴의 귀신이며, 사람을 화나게 하는 사람은 푸른 얼굴의 귀신이며, 사람을 번거롭게 하는 사람은 검은 얼굴의 귀신입니다. 만약에 미움[恨], 원망[怨], 괴롭힘[惱], 분노[怒], 귀찮게 함[煩]으로 사람을 대하고 일을 처리하면, 바로 다섯 귀신이 집을 어지럽히는 것이니, 그 가정은 절대로 평안하지 못할 것이며, 재물을 상하게 하고 기를 어지럽힐 것이니, 온갖 재난과 흉한 일이 빈번히 일어날 것입니다."

상인께서 다시 그녀에게 말하였다.

"사람의 마음이 바로 신[神]이며, 신이 바로 마음[心]입니다. 당신이 무슨 일을 하든지 간에 단지 당신의 양심에 거리끼지 말아야 하며, 이것은 바로 신에게 떳떳한 것입니다. 만약 양심을 위배하면 신을 속이는 것입니다. 그러면 당신이 죽은 후 지옥에 떨어져 많은 고통을 겪을 것입니다. 그때는 당신이 지옥에서 벗어나려고 해도 나올 기약이 없을 것입니다. 중생은 깨달음을 등지고 번뇌와 합하며, 참됨을 미혹하고 망상을 쫓아가기 때문에 본래 가지고 있는 자기의 성품을 떠나 세간의 사물을 추구하는 것입니다. 참된 것은 추구하지 않고 도리어 거짓된 것을 추구하니, 과보를 받는 것입니다. 만약 상반되게 할 수 있으면 세속 번뇌를 등지고 깨달음과 합해질 것이며, 망상을 버리고 참됨으로 돌아갈 것입니다. 또한 부처님처럼 영원히 육도윤회를 벗어나 생사를 요탈了脫할 것입니다."

그녀는 한번 듣고 자기가 지금까지 저지른 갖가지 일들이 생각나 매우 두려워하여 갑자기 놀라 울기 시작하였다. 그녀는 말하였다.

"이전에 저는 사람의 도리를 알지 못했으며, 또한 인과응보의 도리도 믿지 않고 줄곧 나쁜 일만 저질렀습니다. 지금 스님의 자비로운 가르침을 받고 나니 제가 지은 죄업이 깊고 무거움을 느낍니다. 정말 후회스럽습니다. 그러나 이미 때가 늦은 것 같습니다."

말을 마친 후 큰 소리로 울면서 상인에게 구해주실 것을 청하였다. 상인께서 말씀하였다.

"당신이 이전의 잘못을 알았으니, 이것은 당신의 양심이 발현되고 선근의 싹이 발아하는 것입니다. 잘못을 고치려고 한다면 슬퍼하지 않아도 됩니다. 그리고 사람은 성현이 아니라서 잘못을 저지르지 않은 사람은 아무도 없습니다. 단지 성심으로 참회하면 아무리 큰 죄과도 모두 소멸될 수 있습니다. 당신이 잘못을 뉘우친 후 다시 발원하여 재가 자의 신분으로 힘을 다하여 불법을 널리 펴고 사람에게 권하여 선을 행하고 삼보에 귀의하십시오. 그렇게 한다면, 당신의 공덕이 원만해져서 이전의 죄업은 아무런 흔적도 없이 소멸될 것입니다. 왜냐하면 아무리 나쁜 사람이라도 잘못을 뉘우치고 머리를 돌리면 바로 큰 선善이 되며, 크게 착한 사람이라도 죄를 지으면 큰 악惡이 되는 것과 같습니다."

그녀는 이 말을 듣고 마음속에 큰 환희심을 내어 상인께 삼배의 절을 올리고 삼귀의를 받고 정식으로 상인의 제자로 받아줄 것을 요구하였다. 그녀는 삼보에 귀의한 후 이전의 잘못을 통렬하게 뉘우쳤을 뿐 아니라 여러 곳으로 가서 법을 펴고 세상 사람을 교화하였다. 그녀의 감화를 받고 상인에게 귀의한 이가 800여 명이 넘는다. 당시 이웃과 친척, 친구들이 그녀의 바뀐 모습을 보고 매우 놀랐으며, 이전과는 판이하게 달라졌음을 발견하였다. 그래서 '호랑이엄마'라는 별명은 자연스럽게 다시 불리지 않았고 '인도하는 관음[接引|觀音]'이라고 고쳐 부르게 되었다.

그녀는 채식하고 염불하면서 불법을 널리 알렸으며, 세상사람을 교화하기를 십 년을 하루같이 하였다. 민국 33년(1944년) 8월 하순 그녀는 자신이 왕생할 시기를 미리 알고 집안사람들에게 말하였다.

"나는 원래 죄악이 막심하였지만 삼보에 귀의한 후 잘못을 뉘우쳐 선으로 향하였으며, 다른 사람을 교화한 공덕으로 나는 9월 19일 정토에 왕생할 것을 압니다. 슬퍼하지 마세요. 그때가 되면 단지 내 염불을 도와주면 됩니다."

과연 그날이 되자 그녀는 합장하고 미소를 띤 채 염불하는 소리 속에서 왕생하였다. 그때가 그녀 나이 69세 때였다.

## 【 목숨 빚은 정말 두렵다 】

세속에서 이르기를 "무슨 인을 심느냐에 따라 다른 과를 얻는다."고 한다. 이 말은 진실하여 조금도 헛되지 않다. 생명은 모두 평등한 것이며, 또한 모두 불성을 가지고 있다. 우리들은 한 생명을 빼앗을 자격이 조금도 없다. 상인께서 일찍이 말씀하신 적이 있다. "세상에서 가장 지독한 과보가 바로 살생이다. 살생의 업보는 서로 보복하고 원수를 갚으며, 서로 살생의 업을 초래하게 된다." 이러한 나쁜 인과가 순환하는 것은 사람의 모골이 송연하게 한다.
다음은 상인께서 친히 하신 말씀이다.

∷

너희 일반인들은 이러한 인과순환의 도리를 알 수가 없다. 무릇 사람들이 병에 걸리는 것은 모두 원한의 귀신이 목숨을 요구하러 오는 것이다. 혹은 빚을 받으러 오든지, 원수를 갚기 위하여 오는 것으로서 다 원인이 있는 것이다.

나는 어떤 미친 병자를 만나게 되었다. 그는 세 걸음 앞으로 갔다가 다시 뒤로 두 걸음 물러서고 머리는 언제나 하늘을 바라보고 있었는데, 마치 술에 취한 사람 같았다. 나는 당시 그가 왜 이런 병에 걸렸는가를 살펴보았다. 그는 항상 두 구절의 말을 하였다.

"세 가지 빛이 두루 삼재三才를 비추고, 원한의 죄가 없으면 내가 오지 않았네[三光普照透三才, 無有冤孽我不來]."

설명하자면, 해와 달과 별의 세 가지 빛이 하늘과 땅과 사람을 비추는데, 만약 그에게 원통한 죄의 빛이 없었다면 내가 오지 않아서 그에게 그런 병이 생기지 않았을 것이라는 뜻이다. 나는 병자는 모두 원통한 죄업이 초래하는 것임을 알았다.

내가 어떤 사람을 만났는데, 이 사람의 병은 나도 고치기가 어려웠다. 이 병은 어떠하였는가 하면, 그녀는 항상 다른 사람의 집에 들어가서 말하기를 '나는 이 집의 조왕신이다'거나 혹은 '이 집의 조상이다.'거나 아니면 '이 집의 부모다.'라고 하였다. 그녀는 또 다른 사람의 집에 가서는 그 집의 부모가 되기도 하고, 조상이 되기도 하고 조왕신이 되기도 하였다. 이것도 정신병으로서 나는 그녀의 병을 고쳐 주려고 생각하였다.

마침 병을 치료하고 있을 때 그녀의 머리에 이상한 뿔 두 개가 자라는데, 길이가 약 2촌† 정도였고, 주위에 있던 다른 사람들도 그것을 보았다. 이런 이상한 뿔은 처음이라서 도대체 무슨 원인인지를 곰곰이 생각하였다.

원래 그녀와 그녀의 부친 두 사람은 20여 년 전에 서로 힘을 합쳐 그녀의 언니를 산 채로 매장하였다. 그 당시는 지금부터 약 70여 년 전으로 사람들이 매우 고리타분한 사고방식을 갖고 있었다. 그녀의 언니는 결혼을 하지 않은 상태에서 아기를 임신했다. 그녀의 부친은 딸의 이러한 모습을 받아들이지 못하고 구덩이를 파서 딸을 산 채로 매장하였으며, 그녀는 부친을 도와 언니를 묻었던 것이다.

따라서 지금 그녀의 언니와 태아의 영혼이 그녀에게 목숨을 요구하면서 그녀가 이런 미친병에 걸리게 한 것이다. 내가 그녀를 치료할 때 그 언니는 법술을 사용하여 머리 위에 그런 뿔이 나게 하였다. 이것은 나에게 한 시체에 두 생명이 있었음을 알리는 것이었다. 그녀의 업장은 매우 크고 무거워서 불법으로도 그녀의 병을 치료할 수 없었다. 내가 그녀를 구하려고 해보았지만 구할 수 없었다. 이러한 인과는 매우 심각하였다. 나는 인과를 거슬러 살생을 하면 인과의 목숨 빚을 쉽게 없앨 수가 없다는 것을 알았다.

따라서 일체 원한의 죄업으로 인한 병은 모두 인과가 있는 것이다. 요즘 현대 사람들이 암에 많이 걸리는 것은 무엇 때문인가? 바로 살생함이 너무나 많기 때문이다. 고기를 지나치게 자주 먹어서 독에 중독되고 살생의 업이 깊어졌기 때문이다. 따라서 암이 발생하는 것도 모두 원한의 죄업이 빚을 받으려고 하는 것이다.

세상사람들이 말하기를 "처음을 조심하면 끝이 좋다[愼始之所以善終]."고 한다. 그러나 애석하게도 육도의 중생이 생사에 빠져 인과응보의 수레바퀴 가운데서 돌고 도는 것이다. 왜냐하면 "과보를 두려워하고 원인을 무서워하지 않기" 때문이다. 업을 지을 때는 누구나 모두 대담하고 마음에는 요행을 바라면서 하지만, 괴로운 과보를 받아 사는 것이 죽는 것보다도 못하게 될 때는, 아무리 후회하고 슬퍼하고 빌어도 모두 이미 늦은 것이다. 따라서 우리들은 모든 일을 시작할 때 신중하게 삼가면서 인과를 그르치지 말아야 할 것이다.

## 【 뱀이 와서 법을 듣다 】

1982년 6월 20일 일요일 저녁 만불성성에서 법석이 거행되어 사중四衆의 제자들이 만불전萬佛殿을 돌면서 일제히 "나무아미타불"을 염송하였다. 만불전으로 갈 때 놀랍게도 푸른 색의 작은 뱀이 대전 앞문 옆에 엎드려 있는 것을 발견하였다. 이 뱀은 약 3, 4척 정도로 가늘고 길었다. 대중들 가운데 그것을 발견한 사람은 놀라 앞으로 나아가지 못하였다. 그때 경비가 그 뱀을 잡아가려고 하였으나, 선화 상인께서 미소를 지으며 말하였다.

"그럴 필요가 없네. 모든 중생은 모두 불성佛性이 있으며, 그 뱀은 삼보를 가까이하여 법을 들으려고 온 것이니, 내쫓으면 안 되네."

이상한 것은 그 뱀은 보통의 뱀 같지 않았다. 땅에 몸을 쭉 뻗고 누워서 많은 사람들이 왔다 갔다 하는 데도 조금도 겁내는 기색이 없이 유순하였다. 상인께서 법좌에 올라 말씀하였다.

"그 뱀에게 들어와 법을 들으라고 알려라."

그러자 그 뱀은 정문으로 기어와 대전 안으로 들어왔으며, 어떤 사람도 두려워하지 않았다. 다시 대전 왼쪽에서 오른쪽으로 부처님을 한 바퀴 돈 뒤에 법좌 앞에 엎드려 가만히 있는 것이 마치 불상 앞에 꿇어 앉아 법을 듣는 것 같았다.

선화 상인께서 법을 설하셨다.
"일체의 중생은 모두 불성을 가지고 있으며, 모두 부처가 될 수 있다."
이것은 부처님께서 친히 우리들에게 알려주신 것이다. 그러나 중생은 망상 집착으로 인하여 여래의 지혜덕상을 증득하지 못하고 있다. 이 "일체의 중생은 모두 불성을 가지고 있다."는 말씀에서 본다면, 우리는 살생하지 말아야 할 것이며, 도둑질하지 않아야 하고, 사음하지 말아야 하고, 거짓말하지 말아야 하며, 술을 마시지 말아야 한다. 즉 오계를 지켜야 한다. 중생을 죽이는 것은 시방의 모든 부처를 죽이는 것이다. 모든 중생은 무릇 제불의 시현이다. 하지만 한 생각을 깨닫지 못하여 세 가지 미세한 번뇌[業相 現相 轉相]를 낸다. 내면 낼수록 더욱 멀어지며, 따라서 고해에 빠져 영원히 참된 도를 잃게 된다. 이러한 도리는 매우 알기 쉬운 것인데 애석하게도 사람들은 소홀히 여긴다.

수행자는 이와 같이 생각해야 한다. '일체 중생 모두는 과거생에 나의 부모이며 미래의 부처님이다.' 이미 과거생에 나의 부모였으니 마땅히 그들에게 효순하고 그들을 천도하여 고통에서 벗어나 즐거움을 얻게 하고 생사를 벗어나게 할 방법을 생각하여 다시는 윤회의 세계에 흘러 다니지 않게 해야 할 것이다. 이왕 미래의 부처님이시니 그들이 아직 성불하기 전에 마땅히 그들을 존중하고 공경하기를 마치 시방삼세의 부처님을 대하는 것과 같이 해야 할 것이다.

만약 항상 이와 같이 관상한다면 어떤 중생에 대해서도 공경하지 않거나 예의없이 굴거나 혹은 중생을 괴롭게 하지 못할 것이다. 소위 중생이라는 것은 우리 범부의 육안으로 볼 수 있는 것이지만, 볼 수 없는 것도 많이 존재한다. 예를 들면 귀신, 신선, 마魔 등과 같은 것은 눈에 보이지는 않지만 이 또한 중생의 일부분이다. 이왕 중생의 일부분이기 때문에 마땅히 평등하게 공경하고 존중해야 하며, 어떠한 중생이라도 얕잡아 보면 안 될 것이다.

오늘 모두들 불전으로 들어올 때 한 마리의 뱀을 보았을 것이다. 그것도 중생 중의 하나이다. 하지만 뱀의 몸으로 나타났기 때문에 많은 사람들이 보고 두려워하며, 보아도 알지 못하며, 심지어 크게 놀란다. 그러나 이 뱀은 삼보를 가까이 하여 경법을 듣기 위하여 온 것이다. 그렇지 않으면 그가 어찌 얌전하게 문 앞에 누워서 조금도 움직이지 않을 수 있겠는가?

비록 얼핏 보아서 한 마리의 뱀이지만 사실은 그 뱀은 천변만화의 조화를 부릴 줄 알며, 모습을 숨기기도 하고, 작게도 크게도 변화할 수 있으며, 구름을 타고 공중에서 자유자재로 날 수 있지만, 우리들은 그의 재주를 알 수가 없을 따름이다. 이 뱀은 장래 수행에 성공하여 도를 얻을 수 있는 것이다. 불경에서 '천룡팔부天龍八部'를 말하는데 그는 바로 그 중의 하나인 '마후라가摩睺羅伽'이며, 바로 큰 구렁이다.

이 뱀의 내력을 관찰해 보면 그는 중국 주周나라 시대 작은 나라의 대신大臣이었다. 그러나 마음에 계략을 품고 왕위를 찬탈하려고 도모하여 독주에 담근 비수를 소매 속에 감추고 왕을 찔러 죽였다. 하지만 그의 행동은 성공하지 못하고 도리어 하늘과 백성의 원한을 샀다. 그리하여 대신은 죽을 때 큰 진한심瞋恨心을 내었으며, 죽은 후 뱀의 몸으로 떨어져 거대한 구렁이로 변한 것이다.

세간에는 두 종류의 힘이 있다. 하나는 음陰이고 하나는 양陽이다. 또한 하나는 선이고 하나는 악이라 말할 수 있다. 선한 자는 힘써 복과 지혜를 닦아 신선, 성인聖人, 보살, 부처를 이룰 수 있다. 악한 자의 힘도 또한 커서 오로지 암흑의 올바르지 못한 짓만 지으며 서로 살해하고 원수를 갚는다. 따라서 비할 길 없는 원한의 기를 양성한다. 세상에는 독사와 독룡들이 가득한데, 이들은 보통의 육안으로는 볼 수 있는 것이 아니지만 확실히 이 국토에 가득 차 있다. 이들은 사람들의 마음속의 탐진치를 오래도록 쌓아 형성된 것으로서 도처에 우환이 되고 있다. 세상의 천재와 횡화, 삿된 귀신, 요사한 정령, 도깨비, 마魔 등과 전염병의 유행, 가지가지 불치의 괴상한 병 등은 모두 이들 독사들이 수작을 부린 것이다. 이 악룡과 역병의 귀신들은 전문적으로 독기를 내뿜으며 사람의 마음을 혹란시킨다. 혹은 귀신과 도깨비들은 사람의 정기를 빼앗아 사람들을 미치게 하고 공포스럽게 한다.

따라서 지금 현재 유행하는 갖가지 정신병, 예를 들어 정신분열, 발광공포증과 갖가지 난치병들은 모두 이러한 요사스런 마와 귀신, 도깨비들이 풍파를 일으키는 것이며, 중생에게 독을 퍼붓고 있는 것이다. 현대 심리학과 의학계는 중도의 도리를 깊이 이해하지 못하여 이러한 병증에 대하여 처방을 내리지 못하므로 치료율이 매우 저조하다. 오직 불법이야말로 가장 궁극적인 영약으로 재난을 없앨 수 있는 기이한 약방문이라 할 수 있다.

불전 앞에 나타난 이 독사는 진심瞋心을 지니고 발분하여 수련하여 정精을 이루었다. 그의 법술은 날로 증진하여 오래 지나 천지와 통하였으며, 결국에는 백성들을 괴롭히는 것으로 즐거움을 삼았다. 지금도 이러한 무리의 독사들이 일으킨 일들이 얼마나 많은지 모른다. 그들이 하루빨리 참회하여 다시는 요사스런 죄악을 지어 민간의 백성을 해롭게 하지 않기를 바란다.

그 후 송나라 때에 이르러 이 뱀은 이미 독룡으로 변하여 큰 강에서 풍우를 일으켜 무수한 어민漁民과 배타는 사람을 살해하였다. 이때 그 지방의 사람들은 생활하는 데 매우 두려워하고 초조해 하였다. 다행하게도 법력이 높고 성스러운 스님을 만나 구해주기를 바랬다. 그분은 석장을 쥐고 강 언덕에 서서 큰 소리로 그 독룡을 꾸짖었다. 독룡은 그 소리를 듣고 크게 노하여 재주를 부려 수천 장丈이나 되는 큰 구렁이로 나타났다. 그러나 그 법사는 금강삼매의 힘을 가지고 있었으므로 조금도 두려워하지 않으며, 구소법鉤召法과 항복법降伏法을 사용하여 삼일 밤낮으로 생사의 전투를 벌여 결국에는 그 독룡을 조복받았다. 삿됨은 바름을 이기지 못하는 법이다. 독룡의 악한 술법은 스님의 법력 앞에 타파되어 할 수 없이 항복하는 수밖에 없었다. 법사는 독룡을 위하여 법을 설하였다.

"일체의 모든 것은 괴로움苦이며, 공空이며, 무상無常하며, 무아無我로서 오직 업業만이 몸을 따른다. 마땅히 자비심을 내어 그 법술로 중생을 이롭게 도울 것이며, 생령生靈을 해치면 안 된다."

그 뱀은 법을 들은 후 홀연히 깨닫고 청정한 눈을 얻게 되었다. 법사는 뒤이어 삼귀의와 오계를 주었고, 그에게 어느 산 동굴에 가서 수행하라고 명하면서 다시는 사람을 어지럽게 하지 말라고 하였다. 독룡은 기쁘게 그 명을 따랐다. 송나라로부터 지금에 이르기까지 이미 수백 년이 흘렀다. 이 용은 지금 이미 천룡팔부의 하나가 되어 신통변화가 자재하다.

이때 어떤 비구니스님이 말하였다.

"몇 주 전에 우리들은 희사원喜捨院 불전 부근에서 이 뱀을 보았다. 꼬리에서 소리가 나는 뱀이라 두려워 그를 깡통 속에 넣고 비교적 먼 곳의 수풀 속에 놓아두려고 그 위에 견고한 나무판으로 덮어 두었다. 하지만 누가 알았으리오. 잠시 후 깡통을 열어보니 이미 그 뱀은 그 안에 없었다. 그 뱀이 도망갈 방법이 없었는데, 어쩐지 원래 그는 신통이 있었구나."

나는 이 뱀을 일찍부터 알고 있었다. 20여 년 전 홍콩 대서산大嶼山 자흥사慈興寺에 있을 때 그 뱀은 항상 절에 와서 경을 듣곤 하였다. 비록 사람을 해치지는 않았지만 중생들은 뱀의 형상을 두려워한다. 한 번은 어떤 사람이 그를 깡통 안에 넣어 먼 산속에 놓아두려고 하였는데, 깡통을 열자 그는 온데 간데 없이 사라져 버렸다. 지금 불법을 서방에 전하려고 하는 시점에 그도 멀리 바다 건너 미국으로 와서 법을 보호하려고 하는 것이다.

불법을 배우는 중생은 인과를 깊이 믿어 나쁜 원인을 심지 않아야 할 것이다. 그렇지 않으면 나쁜 결과를 맺게 될 것이다. 착한 원인을 심으면 반드시 좋은 결과를 맺게 될 것이다. 인과는 조금도 틀리지 않는다. 남의 아버지를 죽이면 남은 내 아버지를 죽이고, 남의 형을 죽이면 남이 내 형을 죽일 것이다. 좋은 것을 얻기 위하여 사람을 죽이는 수단을 택하면 안 된다. 당신이 만약 사람을 해치면 최후에는 도리어 당신 자신을 해치는 결과를 가져올 것이다.

하늘은 만물을 기르는 덕을 가지고 있어 어떠한 사람도 중생을 해치는 일을 저지르는 것을 원치 않는다. 따라서 인과를 그르치지 말아야 한다. 소위 "한 번 발을 헛디디면 천고의 한이 된다—失足成千古恨"라고 하며, "한 번 사람의 몸을 잃으면 만겁에 회복하기 어렵다—失人身萬劫不復"라고 하였다. 어떤 것도 믿지 않아도 되지만, 인과因果만은 믿지 않으면 안 된다. 만약 인과를 무시하면 매우 위험한 것이다.

"보살은 원인을 두려워하고 결과는 두려워하지 않는다."라고 한다. 인지因地에서는 매우 조심하여 착한 원인을 심지만, 자기도 모르는 가운데 나쁜 인을 심으면, 기꺼이 나쁜 과보를 받아들인다. 보살은 현실에 직면하여 과보를 받아들이면서 하늘과 다른 사람을 원망하지 않는다. 하지만 중생은 그렇지 않다. "중생은 과보를 두려워하고 원인을 두려워하지 않는다." 인을 심을 때 마음대로, 전도되게 함부로 일을 저지른다. 그러나 과보를 받을 때는 두려워하며 하늘을 원망하고 남을 탓하면서 말한다. "왜 내가 이런 고통을 받아야 하는가? 왜 이런 불공평한 보응을 받는가?" 그러나 그는 만약 이전에 이러한 원인을 심지 않았으면 이런 과보를 받을 리가 없을 것이라는 생각은 못했던 것이다.

오늘 이러한 인연을 만나 천룡팔부가 몸을 나타내어 법을 설하는 것을 보았다. 따라서 이 기회를 빌려 그 뱀의 전생의 원인과 그 후의 결과에 대하여 대략 설명하는 것이다. "단지 한 번 잘못 착점하면 한 판의 바둑을 지는 것이다." 한 생각의 차이로 겁의 운을 만회하기가 쉽지 않은 것이다. 다행히 그 뱀은 삼보에 귀의하여 장래 마음을 밝혀 견성見性하는 기회가 있을 것이다.

　여러분들은 만약 이 일단의 인연을 믿지 못하겠으면 스스로 시험해 보길 바란다. 만약 인과를 믿는다면 조금이라도 의심하는 마음을 가져서는 안 될 것이다.

# 【 오안五眼이 열려야 진짜 용을 본다 】

용龍 그것은 도대체 어떤 모습인가? 일반인은 모르는 것이다. 오안五眼이 열린 성인이 아니면 용의 진면목을 알 수 없다. 하지만 중국인이 그리는 용은 머리에 뿔이 있고 몸에는 비늘이 있으며, 눈이 튀어나오고 입이 크며 수염이 있고 네 개의 다리가 있으며, 몸은 매우 길고 꼬리는 매우 짧다. 용을 그리는 사람은 용의 머리만 그리고 용의 꼬리는 그리지 않는다. 소위 "신령한 용은 머리는 볼 수 있으나 꼬리는 드러내지 않는다."라고 하는 것은 신비감을 표시하는 것이다.

중국에서 왜 용을 이런 모습으로 그리는 걸까? 왜냐하면 이전에 어떤 선사禪師가 있었는데, 그분이 선정 중에서 본 용의 형상이 그런 모습이었던 것이다. 용은 신통이 있으며, 헤아릴 수 없을 정도로 변화무쌍하다. 이전에 육조 대사는 발우를 사용해서 거대한 용을 항복시켜 남화사南華寺의 위해를 제거하였다.

용은 큰 벌레[蟲]이다. 왜냐하면 이전에 수행할 때 급한 나머지 신통을 쓰고 계를 완화시킨 까닭에 축생의 무리로 떨어진 것이다. 용의 종류는 여러 가지다. 금룡金龍, 백룡白龍, 청룡靑龍, 흑룡黑龍이 있다. 또한 알로 태어나는 용, 습생으로 태어나는 용, 화생化生으로 나는 용이 있으며, 찰룡札龍, 응룡鷹龍, 교룡蛟龍, 여룡驪龍이 있으며, 또 천룡天龍, 지룡地龍, 왕룡王龍, 인룡人龍이 있으며, 또한 물고기가 변화한 용, 말이 변화한 용, 코끼리가 변화한 용, 두꺼비가 변화한 용이 있다.

용에게는 네 가지의 고통이 있다. 첫째는 큰 금시조에게 잡아먹히는 고통이며, 둘째는 교미할 때는 뱀의 형상으로 변하는 고통이며, 셋째는 작은 벌레가 몸을 빨아먹는 고통이 있으며, 넷째는 뜨거운 모래에 몸이 데이는 고통이 있다.

용의 임무는 구름을 펼쳐 비를 내리게 하는 것이다. 그러나 다섯 가지의 사정이 있을 경우 비를 내리지 못한다.

첫째, 화대火大가 증가하여 성할 때
둘째, 바람이 구름을 흩어버릴 때
셋째, 아수라阿修羅가 구름을 모아 바다로 들어갈 때
넷째, 우사雨師가 방일할 때
다섯째, 중생의 죄업이 중할 때

용의 형상을 알고 싶은가? 그러면 열심히 수행에 힘써 좌선하여 오안五眼이 열리면 참된 용의 본래면목을 볼 수 있다. 내가 지금 이야기하는 '용의 고사故事'는 내가 친히 몸소 경험한 일이니 정말로 진실한 이야기이며 절대로 꾸며낸 이야기가 아니다. 내가 중국 동북지방에 있을 때 제자 하나를 받아들였는데, 법명은 과순果舜이다. 그는 열심히 수행한 지 반 년이 못 되어 좌선하면 선정에 들어갔다. 선정 중에서 그는 인과응보의 순환의 도리를 알게 되었으며, 공부가 상당한 경지에까지 이르렀다. 그 후 그는 스스로 바깥에 초막을 지어 수행의 도량으로 삼았다. 낙성일에 나를 청하여 점안을 하게 하였다. 나는 네 명의 제자를 데리고 갔는데, 그중 두 명은 이미 오안이 열렸다. 당시 나는 초막 옆에 있는 용왕묘龍王廟에 대하여 주의를 두지 않았는데, 그 날 경계가 온 것이다. 우리들이 좌선하고 있을 때 오안이 열린 두 명의 제자가 나에게 와서 말하기를 "스님! 초막 밖에 열 마리의 용이 와 있습니다. 그들은 스님께 귀의하려고 합니다."

나는 제자에게 말하였다. "허튼 소리 하지 말라. 네가 어떻게 용을 아느냐? 그들이 나에게 귀의하여 무엇하려고? 내가 어떻게 그들의 스승이 될 수가 있겠는가? 나는 그들과 같은 큰 재주가 없다."

제자가 말하였다. "그들 스스로 용이라고 말합니다. 지금 현재 밖에 꿇어앉아 있으면서 반드시 스님께 귀의하겠다고 합니다."

당시는 마침 초여름이라 비가 오지 않아 날씨가 매우 가물어 논에 벼가 말라 죽을 지경이었다. 나는 (사람의 몸으로 변한) 용에게 말하였다.

"너희들이 나에게 귀의하는 것은 가능하다. 하지만 조건이 하나 있다. 너희들은 용으로서 전문적으로 비 내리는 것을 관장하니, 현재 하얼빈 부근에 오랫동안 비가 내리지 않아 매우 가물다. 만약 내일 비를 내리게 하면 모레 너희들에게 귀의계를 주겠다. 만약 비가 내리지 않으면 너희들을 제자로 받아주지 않을 것이다."

용들은 이구동성으로 말하였다. "우리들의 직책은 바로 비를 내리는 것이지만 옥황상제의 칙령이 없으면 우리들은 감히 비를 내리지 못합니다. 그렇지 않으면 처분을 받아야 합니다."

내가 또 말하였다. "너희들이 옥황상제에게 가서 말하여라. '하얼빈에 출가한 스님이 한 분 있는데, 하얼빈 주위 사십 리 이내에 비를 내리기를 청합니다.'라고. 이것이 나의 조건이다."

그 다음날 큰 비가 내려 가뭄이 해소되었다. 하얼빈 40리 이내에 감로와 같은 비가 내린 것이다. 삼 일째 되는 날 나는 열 마리의 용들에게 귀의계를 주었으며, 공동으로 법명을 '급수急修'라고 하였다. 그들이 귀의한 후 형상을 감추어 보이지 않았으며, 동류의 용들을 제도하러 갔다. 그후 나는 어떤 지방으로 가든지 쓸 물이 있게 되었다. 내가 홍콩에서 머물 때도 물이 있었으며, 만불성성에서도 사용할 물이 생겼다(만불성성은 원래 물이 없어 싸게 매입한 것이다). 기적이 출현한 것이 아니라 열 마리의 용들과 그 권속들이 와서 법을 보호한 까닭이다.

어떤 사람이 물었다. "스님! 그 열 마리의 용은 어떤 모습이었습니까?" 나에게 귀의한 용은 사람의 형상으로 변화하여 보통의 사람과 같았으며 아무런 구별이 없었다. 단지 오안이 열린 사람은 용이라는 것을 안다. 당신은 알고 싶은가? 그러면 빨리 열심히 수도하여 전심으로 좌선하고 망상을 피우지 말고 성미를 부리지 말아야 한다. 역경이 오든지 순경이 오든지 막론하고 인내해야 하며, 탐하는 마음을 일으키지 않아야 한다. 일념이 생하지 않아서 한 티끌도 오염되지 않은 경계에 이르면 자연히 오안이 열릴 것이다. 그때가 되면 당신은 용이 어떤 모습인지 명료하게 볼 수 있을 것이다.

【 선화 상인 약전 】

선화宣化 상인의 법명은 안자安慈, 자는 도륜度輪이다. 허운虛云 선사의 법맥을 이어 중국 위앙종潙仰宗의 제9대 법손法孫이 되었으며, 사호賜号는 선화宣化이다. 상인은 일생 동안 명예와 이익을 구하지 않고 더욱 다른 사람과 승부 다투기를 원하지 않았다.

상인은 중국 길림성 쌍성현双城縣 출생으로 민국民國 7년1918년 음력 3월 16일 태어나셨다. 부친의 성은 백白씨이고 모친은 호胡씨이며, 부친은 근검하고 성실한 사람으로 농사를 지었으며, 모친은 일생 채식하며 염불하였다. 4남3녀를 낳은 후 밤에 아미타 부처님께서 큰 광명을 놓고 천지를 비추는 꿈을 꾸고 아들을 낳았다.

상인은 어릴 때부터 어머니를 따라 채식하며 염불하였다. 나이 열한 살이 되었을 때 우연히 황야에서 죽은 아기를 보고 생사의 무상함을 느끼고 출가수행의 뜻을 가지게 되었다. 상인은 부모에 대한 효가 지극하여 인근에 널리 알려져 사람들은 '백효자白孝子'라고 칭하였다.

　　15세 때 상인은 부모님을 떠나 사방으로 선지식을 찾다가 마침내 하얼빈 시 교외의 삼연사三緣寺 상지常智 대사께 귀의하여 삼보의 제자가 되어 선정을 닦았다. 선정수행으로 득력을 한 상인은 책을 한 번 훑어보면 외울 수 있었다. 16세에 발심하여 불경을 강의하고 불법을 널리 펴는 것을 자기의 임무로 삼고, 불법을 배우려고 하나 글을 모르는 사람들을 도와주었다. 17세에 유가의 사서오경, 제자백가, 의학·천문·점술 등 일체의 세간법에 통달하였다. 그리고 쉬지 않고 정진하고 참선하며 경전을 연구하여 출세간법에 투철하였다. 18세에 모친께서 병이 들어 집으로 돌아와 노모를 극진히 보살폈다. 아울러 집에 봉사학교를 열어 집이 가난하여 학교에 가지 못하는 학생들을 가르쳤다. 또한 만국도덕회 등 자선단체에 가입하여 가난한 사람들을 도와주었다.

　　19세 때 모친이 왕생하자 모든 인연을 놓아버리고, 사월초파일 불탄일佛誕日에 삼연사 상지 대사께 청하여 삭발 출가하였다. 사미계를 받은 후 모친의 묘 옆에 초막을 짓고 3년간 시묘살이를 하면서 효를 다했는데, 하루 한 끼만 먹고 저녁에는 눕지 않고 화엄경에 절하고 정토참법淨土懺法으로 참회하였고, 선정 공부가 나날이 순일해지고 자비의 마음이 더욱더 깊어졌다. 어느 날 좌선을 하는데 육조 대사六祖大師께서 초막으로 찾아와 말씀하시기를 "장래 너는 서방으로 가서 무수한 사람들을 만나 항하사 같은 많은 중생을 교화할 것이다. 이것은 서방세계에 불법이 일어날 징조이다."라고 하셨다. 이 말씀을 마치고는 홀연히 사라져 보이지 않았다. 그후 백두산 지맥인 미타동彌陀洞 안에서 선정을 닦았다. 그 후 삼연사로 돌아와 수좌首座 : 방장 다음의 직위가 되었다.

19세였던 그해 6월 19일 관세음보살 성도일成道日을 맞이하여 불전에서 18대원大願을 발하였으며, 원에 따라 독실하게 행하고 일체 중생의 질병과 고난을 구제하시고자 발원하였다. 중생의 무명, 번뇌 등 모든 업장을 자신의 몸이 떠맡고 짊어지고자 발원하였다. 그리고 수많은 용과 뱀, 여우, 귀신들을 감화시켜 삼보에 귀의하게 하고, 계를 받게 하여 악을 고치고 선을 닦게 하였다. 상인은 일생 동안 단지 중생을 도울 줄만 아시고 자기를 위하는 것은 하시지 않았으며, 힘써 실천하여 열여덟 가지 큰 발원[十八大願]을 원만히 하려고 노력하였다.

28세 때인 1946년 상인은 행각하면서 남하하여 선지식을 참방하였다. 1947년 보타산에서 구족계를 받았으며, 1948년 만 리 길을 걸어 광동성 남화사南華寺에 도착하여 당시의 선종의 태두이신 허운 선사를 참례하였다. 허운 선사와 만날 때 일찍이 마음으로 마음을 전한 담화가 있었고, 상인은 그에 따라 게를 지었다.

허운 선사가 나를 보고 이와 같다고 하시니
나는 선사를 뵙고 이와 같음을 증하였네.
선사와 내가 모두 이와 같으며
중생도 모두 이와 같기를 두루 원하네.
虛公見我云如是   我見云公証如是
云公與我皆如是   普願衆生亦如是

당시 109세였던 허운 선사는 선화 상인이 용상의 법기임을 아시고 율학원의 감학을 맡기고 아울러 삼단대계의 증명아사리로 삼았다. 허운 선사께서는 선화 상인을 "이와 같다! 이와 같다![如是 如是]"라고 인가하였다.

1949년 봄철수계를 원만히 마치고 허운 선사를 떠나서 홍콩으로 가서 널리 교화하면서 평등하게 불교의 다섯 종파 즉 선종, 교종, 율종, 밀종, 정토종을 고루 선양하면서 문호파벌을 타파하였다. 아울러 고찰을 중건하고 불경을 인쇄하고 불상을 조성하였다. 서낙원사西樂園寺, 불교강당佛敎講堂, 자흥선사慈興禪寺 등을 건립하였다. 홍콩에서 10여 년을 머물면서 중생의 간절한 청에 응하여 널리 불법의 인연을 맺었다. 몇 부의 대승경전을 강의하고 염불정진[佛七], 참선정진[禪七], 참회정진[拜懺] 등의 법회를 거행하면서 종일 불법의 큰 법을 널리 펴는데 동분서주하였다. 그 기간 동안 태국, 미얀마 등 지역을 방문하여 남전불교南傳佛敎를 시찰하며 대승과 소승불교의 회통에 뜻을 두었다.

1956년 4월 9일 허운 선사께서 특별히 운거산云居山에서 오시어 위앙종 조사맥의 원류를 선화 상인께 맡기고, 석가모니 부처님께서 전승하신 법의 제46대, 중국 위앙종 제9대의 사법인賜法人으로 임명하고 '선화宣化'라는 이름을 내려주셨다.

1962년 인연이 성숙하여 불자들의 요청에 응하여 미국으로 건너 갔고, 후에 샌프란시스코에서 불교학당을 설립하여 계속해서 정법을 서방세계에 전하였다.

1968년 시애틀 워싱턴 대학 학생들의 요청에 응하여 '능엄경 하계연수반'을 만들었다. 96일간의 연수 후 상인의 감화를 받고 많은 사람들이 귀의하여 수계를 받았으며, 그 중 5명의 미국인이 발심 출가하여 미국불교사상 처음으로 스님이 되었다.

1974년 선화 상인은 미국 캘리포니아 주 유키아에 만불성성萬佛聖

城을 건립하였다. 만불성성이란 이곳에서 만 분의 생불生佛을 기른다는 뜻이 담겨 있다. 원래 이곳은 캘리포니아 주정부가 공립요양원 건물 70여 동을 건립한 곳이었으나, 물이 부족하여 싸게 팔려고 내놓은 것이다. 그런데 불가사의하게도 상인께서 이곳을 산 후 곧 수원水源을 찾았다. 그후 계속하여 미국 각지에 절을 세워 27개의 도량을 건립하였으며, 북미불교의 깊고 두터운 기초를 다지게 되었다.

상인은 일생 동안 계율을 엄정하게 지키고 부처님의 제도를 준수했으며, 참선과 염불예참, 경전연구, 계율수지, 대중화합 등을 특히 강조했다. 이러한 스승의 정신을 이어받아 만불성성에 출가한 제자들은 "하루 한 끼만 먹고 가사가 몸을 떠나지 않게 한다[日中一食 袈裟不離身]."는 스승의 가르침을 이어받아 수행에 정진하면서 수행가풍을 지켜나갔다.

상인의 제자들은 상인이 세운 육대종지六大宗旨 즉 "다투지 않고[不爭], 탐하지 않고[不貪], 구하지 않으며[不求], 사사롭지 않고[不自私], 이기적이지 않으며[不自利], 거짓말을 하지 않는다[不打妄語]."를 수행의 지표로 삼고, 쉬지 않고 정진하여 정법이 세상에 상주하게 하였다.

또한 선화 상인은 경전 번역이야말로 천추만세에 길이 남을 성스러운 사업이라고 하면서 1973년 국제역경원을 설립하였다. 국제역경원에서 역경의 인재를 길렀으며, 지금까지 백여 종의 영역본과, 스페인어, 베트남어로 불경을 번역하여 출판하였다.

상인은 일찍이 "모든 공양 중 법공양이 제일이다."라고 하시면서 수십 년을 하루같이 평생을 홍법弘法에 노력하였다. 또한 "나의 원력은 한숨이라도 숨 쉴 힘만 있어도, 경을 강의하고 법을 설할 것이다."라고 하시면서 미국을 위시해서 영국, 폴란드, 프랑스 등 서방세계뿐만 아니라 대만, 홍콩, 인도, 싱가포르, 베트남, 말레이시아, 태국 등지를 다니면서 홍법하였으며, 귀의한 사람이 수만 명이나 되었다.

상인께서 서방에 법을 펴신 30여 년 동안, 서방의 윤리도덕이 무너지고 물욕이 횡류橫流하고, 인심이 들떠있어 교육이 파괴되고 인문이 자취를 찾아보기 어렵고 세계의 위기가 날로 깊어지는 데 상심하였다. 그리하여 적극 교육혁신을 제창하여 중국의 전통의 여덟 가지 덕[八德] - 효孝, 제悌, 충忠, 신信, 예禮, 의義, 염廉, 치恥로 세계의 인심人心을 구제하려고 하였다.

상인께서는 일찍이 "가장 철저하고 가장 근본적인 국방은 바로 교육이다. 교육이 잘 되지 않으면 어떤 국방도 소용이 없다."고 하였다. 그래서 초등학교에서는 효도를 제창하고, 중고등학교에서는 애국충정을 강조하고, 대학에서는 충효인의를 제창하였다. 전문기능 외에 고상한 인격을 배양하여 국가의 동량이 되며 사회에 이바지하고 중생을 이롭게 하고자 하였다.

상인은 일생 동안 위법망구하고 힘든 괴로움도 사양하지 않고 부지런히 국내외로 다니면서 보살의 자비원력으로 중생을 구제하시다가 1995년 6월 7일 오후 미국 로스엔젤레스에서 원적圓寂하였으며, 그때 세수 78세였다. 7월 28일 만불성성에서 거행한 다비식에서 4,000여 과의 사리가 나왔다. 하지만 상인께서는 어떤 사리탑이나 기념관도 만들지 못하게 하셔서 "나는 허공에서 와서 허공으로 돌아간다."는 상인의 말씀과 같이 사리를 포함한 모든 유해는 허공에 뿌려졌다.

※ 선화노화상약전宣化老和尙略傳,(북경 영광사靈光寺 발간)에서 발췌 수록.

## 【 선화 상인의 18대원 大願 】

(01) 진허공, 변법계, 시방삼세 일체 보살 등이 만약 하나라도
성불하지 못하면, 나는 정각正覺을 취하지 않겠습니다.

∷

(02) 진허공, 변법계, 시방삼세 일체 연각 등이 만약 하나라도
성불하지 못하면, 나는 정각을 취하지 않겠습니다.

∷

(03) 진허공, 변법계, 시방삼세 일체 성문 등이 만약 하나라도
성불하지 못하면, 나는 정각을 취하지 않겠습니다.

∷

(04) 삼계의 모든 천인天人 등이 만약 하나라도 성불하지 못하면,
나는 정각을 취하지 않겠습니다.

∷

(05) 시방세계의 모든 인간 등이 만약 하나라도 성불하지 못하면,
나는 정각을 취하지 않겠습니다.

∷

(06) 하늘, 인간, 모든 아수라 등이 만약 하나라도 성불하지 못하면,
나는 정각을 취하지 않겠습니다.

∷

(07) 일체의 축생계 등이 만약 하나라도 성불하지 못하면,
나는 정각을 취하지 않겠습니다.

(08) 일체의 아귀계 등이 만약 하나라도 성불하지 못하면,
나는 정각을 취하지 않겠습니다.

::

(09) 일체의 지옥계 등이 만약 하나라도 성불하지 못하면,
나는 정각을 취하지 않겠습니다.

::

(10) 무릇 삼계의 모든 하늘, 신선, 인간, 아수라, 날고 기는 동식물,
영계의 용과 축생, 귀신 등의 무리, 일찍이 나에게 귀의한 자들이
만약 하나라도 성불하지 못하면, 나는 정각을 취하지 않겠습니다.

::

(11) 내가 마땅히 누릴 일체의 복락을 모두 법계의 중생에게
회향하며 널리 베풀기를 원하옵니다.

::

(12) 법계중생의 모든 고난을 나 한 사람이 대신 받기를 원하옵니다.

::

(13) 무수한 영靈을 나누어 불법을 믿지 않는 일체 중생의
마음에 들어가, 그들로 하여금 악을 고쳐 선으로 나아가게 하며,
허물을 뉘우쳐 자신을 새롭게 하고,
삼보에 귀의하여 마침내 부처가 되기를 원하옵니다.

::

(14) 일체 중생이 나를 보거나 나의 이름을 들으면,
모두 보리심을 발하고 속히 불도를 이루기를 원하옵니다.

(15) 부처님의 제도를 철저히 준수하고,
하루 한 끼 먹는 것을 실행하기를 원하옵니다.

::

(16) 모든 유정들을 깨닫게 하고 모든 근기의 중생을
널리 섭수하기를 원하옵니다.

::

(17) 이 생에서 오안육통五眼六通을 얻고
비행자재飛行自在하기를 원하옵니다.

::

(18) 일체의 구하는 원이 반드시 이루어지기를 원하옵니다.


결론지어 이르기를 :

가이 없는 중생 모두 제도하기를 서원하며
다함 없는 번뇌 모두 끊기를 서원하며
무량 법문 다 배우기를 서원하며
위 없는 불도 다 이루기를 서원합니다.
衆生無邊誓願度 煩惱無盡誓願斷
法門無量誓願學 佛道無上誓願成

# 대불정수능엄신주

**大佛頂首楞嚴神呪**

정구업진언

오방내외안위제신진언

개법장진언

대불정수능엄신주계청

대불정수능엄신주

회향게

བུད་

【 정구업진언 淨口業眞言 】

수리수리 마하수리 수수리 사바하 (3회)

【 오방내외안위제신진언 五方內外安慰諸神眞言 】

나무 사만다 못다남 옴 도로도로 지미 사바하 (3회)

【 개법장진언 開法藏眞言 】

옴 아라남 아라다 (3회)

【 대불정수능엄신주계청 大佛頂首楞嚴神呪啓請 】

나무능엄회상불보살 (3회)
南無楞嚴會上佛菩薩

묘담총지부동존  수능엄왕세희유
妙湛總持不動尊  首楞嚴王世希有
묘하고 담적한 다라니를 지니시어 흔들림이 없으신 수능엄왕이시어!
세상에 희유하십니다.

소아억겁전도상  불력승기획법신
銷我億劫顚倒想  不歷僧祇獲法身
억겁의 전도된 저의 망상을 없애주시어, 아승지겁을 거치지 않고 법신을 얻게 하십니다.

원금득과성보왕  환도여시항사중
願今得果成寶王  還度如是恒沙衆
이제 저희들은 불과를 얻고 보왕을 이루며,
다시 항하의 모래수와 같이 많은 중생을 제도하려고 합니다.

장차심신봉진찰 시즉명위보불은
將 此 深 心 奉 塵 刹　是 則 名 爲 報 佛 恩
이러한 깊은 마음으로 수많은 세계를 받들면,
이것이 바로 부처님의 은혜에 보답하는 것이라 합니다.

복청세존위증명 오탁악세서선입
伏 請 世 尊 爲 證 明　五 濁 惡 世 誓 先 入
엎드려 청하옵나니, 세존께서 증명이 되어 주십시오. 오탁악세에 먼저 들어가

여일중생미성불 종불어차취니원
如 一 衆 生 未 成 佛　終 不 於 此 取 泥 洹
만약 한 중생이라도 성불하지 못하는 이가 있다면, 끝내 열반을 취하지 않겠습니다.

대웅대력대자비 희경심제미세혹
大 雄 大 力 大 慈 悲　希 更 審 除 微 細 惑
대웅대력하시고 대자대비하신 부처님이시여! 다시금 저희들의 미세한 번뇌를 없애주시어

영아조등무상각 어시방계좌도량
令 我 早 登 無 上 覺　於 十 方 界 坐 道 場
저희들이 하루빨리 위없는 깨달음에 올라, 시방세계의 도량에 앉게 하소서.

순약다성가소망 삭가라심무동전
舜 若 多 性 可 銷 亡　爍 迦 羅 心 無 動 轉
허공의 성품은 없어질 수 있어도, 저의 견고한 서원은 변하지 않을 것입니다.

나무상주시방불　나무상주시방법　나무상주시방승
南 無 常 住 十 方 佛　南 無 常 住 十 方 法　南 無 常 住 十 方 僧

나무석가모니불 나무불정수능엄
南 無 釋 迦 牟 尼 佛　南 無 佛 頂 首 楞 嚴

나무관세음보살　나무금강장보살
南無觀世音菩薩　南無金剛藏菩薩

이시세존 종육계중 용백보광 광중용출 천엽보련
爾時世尊 從肉髻中 涌百寶光 光中涌出 千葉寶蓮

유화여래 좌보화중 정방십도 백보광명 일일광명
有化如來 坐寶花中 頂放十道 百寶光明 一一光明

개변시현 십항하사 금강밀적 경상집저 변허공계
皆徧示現 十恒河沙 金剛密跡 擎山持杵 徧虛空界

대중앙관 외애겸포 구불애우 일심청불 무견정상
大衆仰觀 畏愛兼抱 求佛哀祐 一心聽佛 無見頂相

방광여래 선설신주
放光如來 宣說神呪

그때 세존께서 머리의 육계에서 수많은 보배의 광명을 놓으시니, 광명 가운데 천 개의 보배연꽃이 솟아오르고, 연꽃 위에는 화신의 여래가 앉아 계시어, 정수리 위에서 열 가지 길로 수많은 광명을 놓으셨다. 낱낱 광명 속에서 십 항하의 모래 수와 같은 수많은 금강밀적이 나타나 금강저를 세워 쥐고서 허공계에 가득하였다. 대중들이 우러러 바라보고 두려운 생각과 공경하는 마음으로 부처님께 불쌍히 여겨 도와주시기를 바라면서, 부처님의 무견정상의 광명 속에 나타난 여래께서 설하시는 신주를 일심으로 들었다.

# 【 대불정수능엄신주 大佛頂首楞嚴神呪 】

스타타가토스니삼·시타타파트람·아파라지탐·프라틍기람·다라니

## [ 제 1 회 ]

- 나맣·사르바·붇다·보디사트베뱧
- 나모·삲타남·사먁삼붇다·코티남·사스라바카삼가남
- 나모·로케·아르한타남
- 나모·스로타판나남
- 나모·스크르타가미남
- 나모·아나가미남
- 나모·로케·사먁가타남·사먁프라티판나남
- 나모·라트나·트라야야
- 나모·바가바테·드르다수라세나·프라하라나라자야·
  타타가타야·아르하테·사먁삼붇다야
- 나모·바가바테·아미타바야·타타가타야·아르하테·사먁삼붇다야
- 나모·바가바테·앜소뱌야·타타가타야·아르하테·사먁삼붇다야
- 나모·바가바테·바이사이쟈구루·바이투랴·프라바라자야·
  타타가타야·아르하테·사먁삼붇다야

- 나모·바가바테·삼푸스피타사·렌드라라자야·타타가타야· 아르하테·사**먁**삼붇다야
- 나모·바가바테·사캬무나예·타타가타야·아르하테· 사**먁**삼붇다야·
- 나모·바가바테·라트나쿠수마·케두라자야·타타가타야· 아르하테·사**먁**삼붇다야
- 나모·바가바테·타타가타쿠라야
- 나모·바가바테·파드마쿠라야
- 나모·바가바테·바즈라쿠라야
- 나모·바가바테·마니쿠라야
- 나모·바가바테·가르자쿠라야
- 나모·데바르시남
- 나모·싣다·비댜·다라남
- 나모·싣다·비댜다라르시남·사파누그라하·사마르타남
- 나모·브라흐마네
- 나모·인드라야
- 나모·바가바테·루드라야·우마파티사헤야야
- 나모·나라야나야·**락**삼미사헤야야·팜차마하무드라· 나마·스크르타야

- 나모·마하카라야·트리푸라나가라·비드라파나카라야·
아디묵토카·스마사나바시니·마트르가나
- 나맣·스크르타야·에뇨·나맣·스크르트바·이맘
- 바가바타·스타타가토스니삼·시타타파트람·나마·
파라지타·프라퉁기람
- 사르바·데바·나마·스크르탐
- 사르바·데베뱧·푸지탐
- 사르바·데베스차·파라파리탐
- 사르바·부타그라하·니그라하카림·파라비댜·체다나카림·
두남타남·사트바남·다마캄·두스타남·니바라님·
아카라므르튜·프라사마나카림
- 사르바·반다·나목사나카림
- 사르바·두스타·두스바프나니바라님·차투라시티남·
그라하사하스라남·비드밤·사나카림·아스타빔사티남·
낙사트라남·프라사다나카림·아스타남·마하그라하남·
비드밤사나카림
- 사르바·사트루니바라님·구람·두스바프·나남차나사님·
비사사스트라·아그니·우다카우트라님·아파라지타구라
- 마하·찬남
- 마하·디프탐

- 마하·테잠
- 마하·스베탐·즈바라
- 마하·바라·스리야판다라바시님·아랴타라·브르쿠팀체바잠
- 바즈라·마레티·비스루탐·파드마크맘
- 바즈라·지흐바차·마라체바파라지타
- 바즈라·단디·비사라차·산타바이데하푸지타·사이미루파·
  마하스베타·아랴타라·마하바라아파라
- 바즈라·상카라체바·바즈라·코마리·쿠란다리
- 바즈라·하스타차·마하비탸·타타캄차나마리카·
  쿠숨바라타나체바·바이로차나·쿠다르토스니사·
  비즈름바마나차
- 바즈라·카나카·프라바로차나
- 바즈라·툰디차·스베타차카마락사·사시프라바·이톄테·
  무드라가나·사르베락삼·쿠르반투·마마샤

[ 제 2 회 ]

- 옴·리시가나·프라사스타·타타가토스니사
- 훔브룸·잠바나
- 훔브룸·스탐바나
- 훔브룸·보하나
- 훔브룸·마타나
- 훔브룸·파라비탸·삼박사나카라
- 훔브룸·사르바두스타남·스탐바나카라
- 훔브룸·사르바약사·락사사그라하남·비드밤사나카라
- 훔브룸·차투라시티남·그라하사하스라남·비나사나카라
- 훔브룸·아스타빔사티남·낙사트라남·프라사다나카라
- 훔브룸·아스타남·마하그라하남·비드밤사나카라
- 락사락사·맘·바가밤·스타타가토스니사
- 마하프라퉁기레·마하사하스라부제·사하스라시르사이·
  코티사타사하스라네트레·아벰댜·즈바리타나타나카·
  마하바즈로다라·트르부바나·
  만다라·옴·스바스티르바바투·마마

[제3회]

- 라자·바야·초라·바야·아그니·바야·우다카·바야
- 비사·바야·사스트라·바야·파라차크라·바야·두르빅사·바야
- 아사니·바야·아카라므르튜·바야·다라니부미캄파·바야·
  우르카파타·바야
- 라자단다·바야·나가·바야·비듀·바야·수프라니·바야
- 약사·그라하·락사사·그라하·프레타·그라하·피사차·그라하
- 부타·그라하·쿰반다·그라하·푸타나·그라하·
  카타푸타나·그라하·
- 스칸다·그라하·아파스마라·그라하·운마다·
  그라하·차야·그라하·레바티·그라하
- 우자·하리냐·가르바·하리냐·자타·하리냐·지비타·하리냐
- 루디라·하리냐·바사·하리냐·맘사·하리냐·메다·하리냐
- 마자·하리냐·반타·하리냐·아수차·하리냐·치차·하리냐
- 테삼사르베삼·사르바그라하남·비댬·친다야미·키라야미
- 파리브라자카·크르탐비댬·친다야미·키라야미
- 다카다키니·크르탐비댬·친다야미·키라야미
- 마하파수파티·루드라·크르탐비댬·친다야미·키라야미
- 타트바가루다사헤야·크르탐비댬·친다야미·키라야미
- 마하카라·마트르가나·크르탐비댬·친다야미·키라야미

- 카파리카·크르탐비댬·친다야미·키라야미
- 자야카라마두카라·사르바르타·사다나·크르탐비댬·
  친다야미·키라야미
- 차투르바기니·크르탐비댬·친다야미·키라야미
- 브름기리티카·난디케스바라·가나파티사헤야·크르탐비댬·
  친다야미·키라야미
- 나그나스라마나·크르탐비댬·친다야미·키라야미
- 아르한타·크르탐비댬·친다야미·키라야미
- 비타라가·크르탐비댬·친다야미·키라야미
- 바즈라파니·크르탐비댬·친다야미·키라야미
- 브라흐마크르탐·루드라크르탐·나라야나·크르탐비댬·
  친다야미·키라야미
- 바즈라파니·구햐카디파티·크르탐비댬·친다야미·키라야미
- 락사·락사·맘

[제4회]

- 바가밤·시타타파트라·나모·스투테
- 아시타·나라르카·프라바스푸타·비카시타타파트레
- 즈바라즈바라·다카다카·비다카비다카·다라다라
- 비다라비다라·친다친다·빈다빈다
- 훔훔·파트·파트·스바하
- 헤헤·파트·아모가야·파트·아프라티하타야·파트
- 바라프라다야·파트·아수라·비드라파카야·파트
- 사르바·데베뱌·파트·사르바·나게뱌·파트
- 사르바·약세뱌·파트·사르바·락사세뱌·파트
- 사르바·가루데뱌·파트·사르바·간다르베뱌·파트
- 사르바·아수레뱌·파트·사르바·킨다레뱌·파트
- 사르바·마호라게뱌·파트·사르바·부테뱌·파트
- 사르바·피사체뱌·파트·사르바·쿰반데뱌·파트
- 사르바·푸타네뱌·파트·사르바·카타푸타네뱌·파트
- 사르바·두르람기테뱌·파트·사르바·두스프렉시테뱌·파트
- 사르바·즈바레뱌·파트·사르바·아파스마레뱌·파트
- 사르바·스라마네뱌·파트·사르바·티르티케뱌·파트
- 사르바·운맘데뱌·파트·사르바·비댜차례뱌·파트
- 자야카라마두카라·사르바르타·사다케뇨·비댜차례뱌·파트

- 차투르바기니뱧·파트
- 바즈라·코마리·쿠란다리·비댜라제뱧·파트
- 마하프라·튱기레뱧·파트
- 바즈라상카라야·프라튱기라라자야·파트
- 마하카라야·마트르가나·나마스크르타야·파트
- 인드라야·파트·브라흐미니예·파트
- 루드라야·파트·비스나비예·파트
- 비스네비예·파트·브라흐미예·파트
- 아그니예·파트·마하카리예·파트
- 로드리예·파트·카라단디예·파트
- 아인드리예·파트·마트리예·파트
- 차문디예·파트·카라라트리예·파트
- 카파리예·파트·아디묵토카스마사나·바시니예·파트
- 예케칠 타·사트바·마마

[ 제 5 회 ]

- 두스타칩타·파파칩타·로드라칩타·비드바이사칩타·
    아마이트라칩타
- 우트파다얀티·키라얀티·만트라얀티·자판티·조한티
- 우자·하라·가르바·하라·루디라·하라
- 맘사·하라·메다·하라·마자·하라·바사·하라
- 자타·하라·지비타·하라·마랴·하라·바랴·하라
- 간다·하라·푸스파·하라·파라·하라·사샤·하라
- 파파·칩타·두스타·칩타
- 데바·그라하·나가·그라하
- 약사·그라하·락사사·그라하·아수라·그라하·가루나·그라하
- 킨다라·그라하·마호라가·그라하·프레타·그라하·
    피사차·그라하
- 부타·그라하·푸타나·그라하·카타푸타나·그라하·
    쿰반다·그라하
- 스칸다·그라하·운마다·그라하·차야·그라하·
    아파스마라·그라하
- 다카다키니·그라하·레바티·그라하·자미카·그라하·
    사쿠니·그라하
- 난디카·그라하·람비카·그라하·칸타파니·그라하

- 즈바라·에카히카·드바이티야카·트레티야카·
  차투르타카
- 니탸즈바라·비사마즈바라·바티카·파이티카·
  스레스미카·산디파티카
- 사르바즈바라·시로르티·아르다바베다카·아로차카
- 악시·로감·무카·로감·흐르드·로감
- 카르나·수람·단다·수람·흐르다야·수람
- 마르마·수람·파라스바·수람·프르스타·수람
- 우다라·수람·카티·수람·바스티·수람
- 우루·수람·잠가·수람·하스타·수람
- 파다·수람·사르방가프라퉁가·수람
- 부타베타다·다카다키니
- 즈바라다드루칸듀키티·바로타바이·사르파로하링가·
  소사트라사가라
- 비사요가·아그니·우다카·마라베라·칸타라
- 아카라므르튜·트라이무카·트라이라타카·
  브르스치카·사르파나쿠라
- 심하·뱌그라릭사·타라릭사·차마라지비베
- 테삼사르베삼·시타타파트라·마하바즈로오스니삼·
  마하프라퉁기람

- 야바드바·다사요자나·뱐타레나
- 사마·반담·카로미
- 디사·반담·카로미
- 파라비댜·반담·카로미
- 테조·반담·카로미
- 하스타·반담·카로미
- 파다·반담·카로미
- 사르방가프라퉁가·반담·카로미
- 타댜타·옴·아나레·아나레·비사다비사다
- 반다반다·반다니반다니
- 바이라바즈라파니·파트·훔브룸·파트·스바하
- 나모·스타타가타야·수가타야르하테·사먁삼붇다야· 시댬투·반트라파다·스바하

## 【회향게】

### 상래현전청정중 풍송능엄비밀주
上來現前淸淨衆　諷誦楞嚴秘密呪
맑고도 깨끗하온 우리 대중들 능엄의 비밀주를 높이 외우고

### 회향삼보중룡천 수호가람제성중
廻向三寶衆龍天　守護伽藍諸聖衆
삼보님과 용의무리 여러 천신과 가람수호 성중들께 회향하오니

### 삼도팔난구리고 사은삼유진첨은
三途八難俱離苦　四恩三有盡霑恩
삼악도 팔난고를 다 벗어나고 사은삼유 빠짐없이 은혜 입으며

### 국계안녕병혁소 풍조우순민안락
國界安寧兵革銷　風調雨順民安樂
나라가 편안하여 싸움이 없고 바람비 순조로워 백성 즐기며

### 대중훈수 희승진 십지돈초 무난사
大衆熏修希勝進　十地頓超　無難事
대중들 닦는 도업 날로 나아가 십지를 뛰어넘는 것 어렵지 않고

### 삼문청정절비우 단신귀의증복혜
三門淸淨絶非憂　檀信歸依增福慧
삼문이 청정하여 근심 끊어져 심신단월 귀의하며 복혜가 증장하네.

### 시방삼세일체불 제존보살마하살 마하반야바라밀
十方三世一切佛　諸尊菩薩摩訶薩　摩訶般若波羅蜜
시방세계 삼세의 모든 부처님, 높으시고 거룩하온 여러 보살들,
크고 큰 길 밝게 비친 부처님 지혜

편역자 후기

# 능엄주 독송 인연과 수행

이전에 해인사를 다니면서 능엄주가 좋다는 이야기를 들었고 능엄경을 통하여 능엄주에 대하여 약간은 이해하였지만, 수행의 방편으로 삼은 적은 없었다. 10여 년 전부터 해인사 선우회 회원으로 활동하면서 성철 스님의 수행 이야기와 능엄주에 관한 이야기를 자주 들었다. 그때 들은 이야기로는 성철 스님께서 종정을 지내신 혜암 스님께 능엄주 독송을 간절히 권하셨고, 혜암 스님께서는 1주일 만에 전부 다 외우셨다는 것이다. 그리고 백련암과 성철 스님 제자들은 새벽예불 후 반드시 능엄주 독송을 일과로 하는 것을 보았다. 그러한 수행 환경 속에서 능엄주는 내 마음 깊숙이 각인되었으며, 2002년 9월 중국 북경으로 연수를 가면서 능엄주 소책자를 준비하고 갈 정도로 능엄주는 나에게 중요한 것이 되었다. 북경에서 생활할 때 관세음보살상을 집에 모시면서 능엄주 독송으로 점안식을 대신할 정도로 능엄주를 신비스럽게 생각하고 있었다.

그 당시에는 능엄주가 너무 길고 입에 익지 않아서 한 번 독송하는 데 30분 정도 걸렸으니 감히 많이 독송할 엄두를 내지 못했다. 그리고 너무 길어 수행 즉 선정을 닦는데 별 도움이 되지 않을 것이라 잘못 생각하고 있었다. 이런 견해를 바꾸지 않고 있던 나에게 그래도 전생의 불연이 무르익었던지 능엄주를 접할 수 있는 계기가 왔다. 중국 청도에서 근무할 때 절에서 만난 어떤 분이 능엄주를 하고 있다면서 나에게 능엄주를 독송하여 숙세의 업장을 소멸하라고 권하는 것이었다.

그래서 한편으로 능엄주를 입에 익히기 시작하면서 한편으로 능엄주에 관한 법문을 찾아 읽기 시작하였다. 중국에서도 능엄주에 관하여 법문한 선지식은 거의 찾아볼 수 없었으며, 오직 선화 상인께서 남기신 법문이 있을 뿐이었다. 선화 상인의 법문을 읽고 능엄주에 대하여 견고한 믿음이 생기게 되면서 아침저녁으로 독송하기 시작하였다.

며칠 후 능엄주 21일 참회기도를 시작하면서 능엄주와의 인연이 본격적으로 맺어졌다. 처음에는 억지로 외우려고 하지 않았지만, 보름 정도 지나자 전체 주가 외워지기 시작한 것이다. 말할 수 없는 기쁨을 느끼면서 능엄주 독송에 재미를 느끼게 되었다. 그 후 21일 기도를 네 차례 더 하면서 과거의 죄업을 많이 참회하였다. 그리고 경계를 만나 이전보다 마음이 훨씬 여여부동하게 되었으며 번뇌가 많이 줄어드는 것을 느끼게 되었다. 능엄주를 독송해 보면 깊은 집중이 저절로 오는 것을 느낄 수 있다. 이렇게 되려면 반드시 능엄주를 외워야 할 것이다. 외우는 가장 좋은 방법은 비슷한 단락끼리 나누어서 외우는 것이 좋은 것 같다. 교본을 보고 독송하면 집중을 얻는 데 한계가 있다. 지속적으로 독송하면 능엄경에서 말씀하신 것과 같이 능엄주는 '선정을 가장 도와주는 다라니'라는 것을 알게 된다. 하마터면 평생 능엄주를 접하지 못하고 그 수승함과 불가사의함을 느껴보지도 못하고 지나칠 뻔하였다.

우리나라에서는 해인사 백련암 성철 스님의 영향으로 능엄주를 독송하는 불자들이 많이 있지만, 능엄주에 관한 법문은 찾아보기가 어려웠다. 북경의 광제사에서 한국 유학생 법회를 할 때 중국의 어떤 거사께서 "선화 상인의 사적"이라는 책을 몇 권 들고 와 보시하면서 선화 상인을 알게 되었으며, 중국에 가서 처음으로 접한 불교 관련 책이었다. 그리고 내가 번역한 "오대산 노스님의 인과이야기"에 나오는 묘법 스님도 선화 상인을 스승으로 받들었으며, 나도 중국의 근세 스님 중에서 가장 존경하는 한 분이기도 하다. 이런 것을 보면 선화 상인과의 인연은, 비록 생전에 만나 뵙지는 못하였지만, 적지 않은 것 같다. 선화 상인의 법문을 많이 읽으면서 불법에 대하여 새로운 눈을 뜨게 되었으며, 능엄주에 대하여 새로운 인식을 갖게 되었다. 그리하여 반드시 우리나라 불자들에게 선화 상인의 법문을 소개해야겠다는 원력이 생겼으며, 그 중에서도 능엄주에 관한 법문은 하루빨리 번역하여 소개하고 싶었다.

귀국한 후 바쁜 업무 속에서도 능엄주 독송과 번역을 멈추지 않았으며, 법문을 읽으면 읽을수록 환희심이 생겼다. 선화 상인의 법문을 통하여 많은 불자들이 능엄주에 대하여 믿음을 일으키기를 발원한다. 또한 많은 능엄행자로 인하여 이 땅에 정법正法이 오래 지속되고 이 세상에 정기正氣가 가득 차게 되기를 바란다.

　중국에서는 예로부터 선가禪家의 많은 스님들이 능엄주를 독송해왔다. 그리고 사찰의 새벽 예불시에는 가장 먼저 능엄주 독송으로 아침 일과를 시작하고 있다. 당나라의 불공不空 삼장대사는 "능엄주를 하루에 일곱 번 외우면 극중한 번뇌가 모두 소멸되며, 일만 팔천 번을 염하면 무상정에 들어간다[日日持念一七遍 極重煩惱皆消滅 念滿一萬八千遍 遍遍入于無相定]."고 하였다. 그래서 나 또한 아침에 일어나면 능엄주 독송으로 하루를 시작한다. 일곱 번의 능엄주 독송과 백팔참회는 하루도 빠뜨릴 수 없는 과제이기도 하다.

　어떤 방편으로 수행하든지 간에 정성과 간절함이 가장 필요하며, 숙세의 업장이 소멸되어야 수행에 감응이 있게 되며, 더욱 정진할 수 있는 힘이 생기게 된다. 능엄주를 독송하면 재계齋戒를 지키지 못하는 사람은 재계를 지킬 수 있게 하며, 정진하지 못하는 사람에게는 정진할 수 있는 힘을 준다. 선화 상인도 참선을 하기 전에 능엄주 일독을 권했는데, 그렇게 하면 번뇌가 많이 줄어든다고 하였다.

　다라니에도 종류가 많은데 각기 다른 힘과 공능이 있다. 선화 상인께서 능엄주는 주呪 가운데 왕이라고 하며 밀법密法의 모든 주를 포괄한다고 하였다. 그리고 능엄경에서 능엄주의 공덕에 대해 말하기를 '숙세의 죄업을 강한 바람이 먼지를 날려버리듯이 없애버린다.' 고 하였다. 또한 살생, 도둑질, 사음, 거짓말의 네 가지 중죄도 능엄주 독송으로 무거운 죄업을 소멸하여 계의 뿌리가 다시 자라게 한다고 하였다. 수행을 하는데 계체戒體가 무너지면 향상向上할 수 없게 되지만, 능엄주를 독송하면 계체가 다시 생긴다는 것이다. 이런 공덕은 어떤 다라니에도 없는 것이다.

　많은 수행자들이 과거의 업장 때문에 질병이나 삿된 것의 침해를 받아 고통 받으며, 참다운 수행은 해보지 못하고 앞으로 나아가지 못하는 경우가 많다. 이런 경우에는 반드시 업장을 참회하여 죄업이 청정해진 후에 본 수행을 해야 할 것이다. 『지장보살점찰선악업보경地藏菩薩占察善惡業報經』에서도 숙세의 죄업이 청정해지지 않으면 도道에 상응할 수 없다고 하였다. 숙세의 업장은 없애기가 쉽지 않다. 염불이나 예참, 다라니 지송과 대승경전의 독송은 모두 숙세의 죄업을 녹이는데 수승한 방편이다. 그러므로 어떤 방편으로든 숙세의 죄업을 참회해야 수행하는데 업의 장애에 막히지 않을 것이다. 죄업이 아무리 무겁더라도 사실은 그 실체가 없고 공空한 까닭에, 마음을 한번 깨닫기만 하면 즉시 무량한 죄업이 소멸되는 것이다. 하지만 뼈저린 참회의 마음을 일으키지 않고서는 그 또한 바위같이 무겁게 우리를 짓누를 것이다.

　우리는 수행이 안 된다고 좌절하거나 포기하기 보다는 참회기도를 통하여 몸과 마음을 재충전하는 계기로 삼아 다시 나아가야 할 것이다. 수행은 장거리 마라톤과 같은 것이다. 그래서 너무 급하게 이루려고 하면 최종 목표인 부처의 위치에까지 가지 못하고 중간에 머물거나 좌절하고 말 것이다. 좋은 방편을 얻으면 자신의 정진의 힘에 불보살의 가피를 더하여 순풍에 돛을 단 것처럼 난관을 극복하게 될 것이다.

　석가모니 부처님께서는 많은 경전을 통하여 부처가 되는 길을 제시하였다. 능엄경에서는 너무도 자상하게 삿된 옆길로 새지 말고 성불成佛의 바른 길로 가기를 당부하셨다. 그리고 가다가 장애를 만나면 없애버릴 수 있는 보검寶劍인 능엄주를 우리에게 주셨다. 우리는 이 보검을 가지고 장애를 제거하면서 그 길을 따라 가기만 하면 될 것이다. 늦거나 빠르게 도착하는 것은 각자의 마음가짐과 노력에 달려 있을 것이다.

    이 작은 책이 나오기까지 인연 있는 모든 분들에게 감사드리며, 불광출판사에 깊은 고마움을 느낀다. 이 책을 통하여 많은 불자들이 능엄주에 대하여 새로운 인식을 갖게 되기를 바라며, 어려운 시기에 세상을 구하는 작은 인연이 되기를 발원한다.

기축년己丑年 7월<br>
참회제자 각산覺山

## 선화 상인
## 능엄신주 법문

2009년 7월 30일 초판 1쇄 발행
2025년 10월 20일 초판 15쇄 발행

지은이 선화 상인 • 편역 정원규
발행인 박상근(至弘) • 편집인 류지호 • 편집이사 양동민
편집 김재호, 양민호, 김소영, 최호승, 정유리, 이란희, 이진우 • 디자인 쿠담디자인
제작 김명환 • 마케팅 김대현, 김대우, 이선호, 류지수 • 관리 윤정안
콘텐츠국 유권준, 김희준
펴낸 곳 불광출판사 (03169) 서울시 종로구 사직로10길 17 인왕빌딩 301호
　　　대표전화 02) 420-3200 편집부 02) 420-3300 팩시밀리 02) 420-3400
　　　출판등록 제300-2009-130호(1979. 10. 10.)

ISBN 978-89-7479-564-1 (03220)

값 15,000원

잘못된 책은 구입하신 서점에서 바꾸어 드립니다.
독자의 의견을 기다립니다. www.bulkwang.co.kr
불광출판사는 (주)불광미디어의 단행본 브랜드입니다.